国際政治経済
システム学

共生への俯瞰

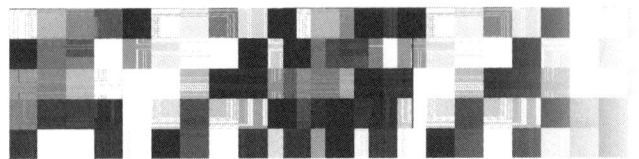

柳田辰雄 著
Yanagita Tatsuo

東信堂

まえがき

　20世紀の偉大な教訓の一つは、「資本制度生産様式は市場機構なくしては機能せず、この市場機構は自由な政治制度としか共存できない」ということです。ハイエクの言葉をかりるならば「法の下での自由は経済的自由を含んでおり、それに対して経済的統制は、あらゆる目的にとっての手段の統制として、すべての自由の制限を可能に」します。二つの世界大戦をくぐりぬけてきた21世紀の現在、人類は叡智を結集して、世界全体での新たな安全保障体制の構築を急がなくてはなりません。この本では、経済学および政治学への遊学により、21世紀の国際システムの枠組みを抽出してみようと思います。

　歴史的に振り返ってみると、20世紀後半より社会科学の経済学、政治学や社会学などへの専門化、すなわち蛸壺に入っての硬直化により社会全体をよりよく理解できないという弊害がめだつようになってきました。西部邁によると、硬直化した社会科学を打開するための方法として超越的、トランスディシプリナリー(transdisciplinary)という概念を最初に用いたのは、経済学者のグルンナー・ミュルダールです。現在、このトランスディシプリナリー

は学融合と訳されるようになっています。しかしながら学融合とは言うは易く、行なうは難きことです。

科学の方法論は、論理実証主義と呼ばれます。ある現象を解明するためにまず仮説をつくり、そこから演繹を行うことによって命題を得、さらに、この命題を実験や実証を施すことによって、帰納法的に究極の結論（真理）に到達するというものです。自然現象を考察する場合には、基本的には二つの立場があり、一つはデカルトにより確立され、フランスやドイツで隆盛を誇った大陸合理論で、もう一つは、フランシス・ベーコンによって確立したイギリス経験論です。合理論においては理性を絶対の尺度とすると宣言し、理性の居直りを高らかに詠っており、経験論は実験や実証という経験によって真理に到達しようとしています。

しかしながら、論理実証主義を標榜する社会科学では、この方法がまったく怪しげで不確かなものです。ハイエクは、社会科学が自然科学を模して、いかに客観性を標榜しようとも、社会科学は、ある思想を表しているに過ぎないと喝破しました。

アダム・スミス以来イギリスで急速に発展した学問は、「Political Economy」とよばれ、日本では「政治経済学」と訳されてきました。スミスの流れをくむマルクス経済学を継承している学派は、現在もこの「政治経済学」を使っています。他方、国際政治学者のロバート・ギルピンが著し、すでに古典となりつつある「The Political Economy of International Relations」に触発されて、日本でも「国際政治経済学」の教科書が数冊出版されています。

この本の「国際政治経済システム学」は、基本的にはジョン・メイナード・ケインズにより創設されたマクロ経済学に基づいて展開されています。この経済学に関しては共著『経済学入門』東大出版会に展開されている理論を応用しています。

　この本は、基本的には、経済学や数学の知識なしに理解できるように工夫されています。この教科書が、法学部、経済学部、政治経済学部や国際学部において教科書として利用され、国際政治経済分野の教育・研究にいささかでも貢献することができれば、著者としてこの上もない喜びです。

目次／国際政治経済システム学―共生への俯瞰

まえがき …………………………………………………… iii

第1部　国家と市場　　　　　　　　　　　　　　　　3

第1章　国　家 ………………………………… 5

1　国家とは　　　　　　　　　　　　　　5
2　代理機関としての国家　　　　　　　　10
3　国家と租税　　　　　　　　　　　　　13
4　官僚と政治家の行動原理　　　　　　　15
5　国民と集合的アイデンティティ　　　　17
6　社会思想と政治　　　　　　　　　　　18
7　ゲーム論からみた政治　　　　　　　　20

第2章　市　場 ………………………………… 24

1　資本主義　　　　　　　　　　　　　　24
2　市場機構　　　　　　　　　　　　　　25
3　市場における需要と供給　　　　　　　29

第3章　マクロ経済学から見た国際摩擦 ……… 34

1　国民所得と雇用　　　　　　　　　　　34
2　開放マクロモデル　　　　　　　　　　47
3　経常収支と為替レート　　　　　　　　51
4　金利と為替レートの連関　　　　　　　53
5　マクロ経済政策と国民所得　　　　　　57

第4章　経済発展、資本移動および経済援助 ……… 60
1　経済成長と寄与率　　　　　　　　　61
2　ハロッド・ドーマーモデル　　　　　62
3　ツーギャップモデル　　　　　　　　65

第2部　国際システム　　　　　　　　　　　69

第5章　安全保障制度 ……………………………… 71
1　国際システムの権力構造　　　　　　74
2　国際連合　　　　　　　　　　　　　76
3　国際システムの成立と変容　　　　　78
4　国際システムと交渉費用　　　　　　82

第6章　国際通貨制度 ……………………………… 83
1　ブレトンウッズ体制　　　　　　　　84
2　国際通貨制度、変動か固定か　　　　88

第7章　国際貿易制度 ……………………………… 93
1　貿易の拡大と摩擦　　　　　　　　　95
2　世界貿易機関　　　　　　　　　　　98
3　多国籍企業と直接投資　　　　　　101

第8章　アジア金融危機 ………………………… 104
1　危機の様相　　　　　　　　　　　104
2　バーツへのアタック　　　　　　　106
3　インドネシアにおける銀行取付騒ぎ　111
4　ウォンの急落と金融改革　　　　　112

『国際政治経済システム学』正誤表

※112頁図8-4を以下のように訂正

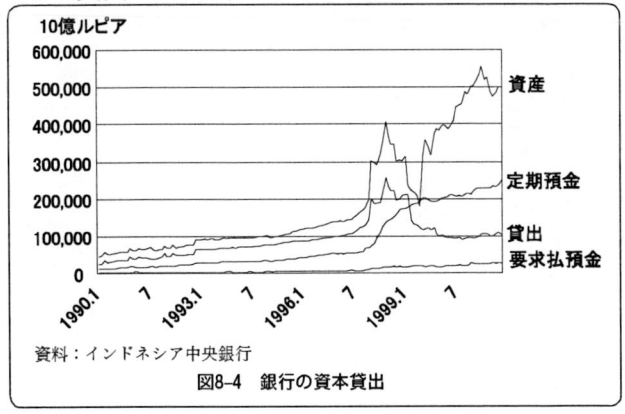

資料:インドネシア中央銀行
図8-4　銀行の資本貸出

※158頁図11-2を以下のように訂正

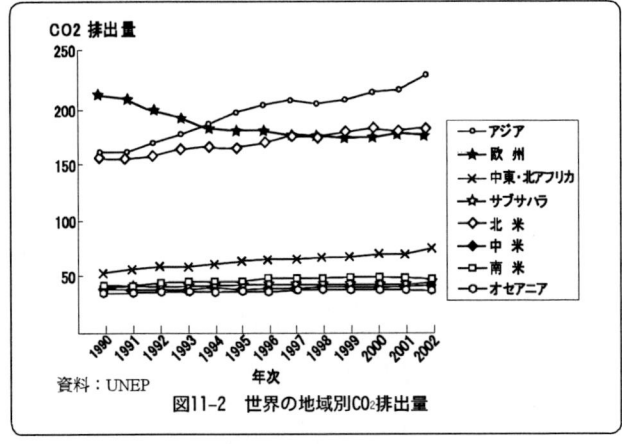

資料:UNEP
図11-2　世界の地域別CO_2排出量

第9章　地域統合の動態 … 117

1. グローバル下の地域統合のうねり　117
2. 国境を越える生産・流通ネットワーク　121
3. 欧州連合　122
4. NAFTA：北米自由貿易地域　130
5. ASEAN：東南アジア諸国連合　134

第3部　共生への俯瞰　141

第10章　国際援助制度 … 143

1. 援助理念の変遷　144
2. 日本の援助戦略　148
3. 累積債務問題と構造改革　150
4. ワシントンコンセンサスとパリクラブ　152

第11章　地球環境保全 … 155

1. 地球温暖化への対応　157
2. 排出権取引と炭素税　161
3. 生物多様性条約　168
4. 熱帯雨林の維持・管理　172

参考文献 … 175

国際政治経済システム学

―― 共生への俯瞰 ――

第1部　国家と市場

第1章　国　家

1　国家とは

　国家は、一定の領土と住民を治める排他的な権力のある組織とそれに対する統治権をもつ政治社会です。国家は運命共同体として最大のものであり、その国民または民族は帰属意識に関するアイデンティティ、すなわち人格においては存在証明または同一性に相当する集合的アイデンティティを持っています。その結果として、他国との差異が強調され、固有の宗教、文化、言語および風土がそのアイデンティティを形成する主要な要素となっています。これは状況依存的で、外国や他民族との関係において変容し、ときとしてより強固なものとなります。国民は個人からなり、個人は各々の権益と自己アイデンティティをもち、権益では資本家や労働者という階級あるいは政治的な圧力団体に、またアイデンティティでは宗教団体や文化集団に属しています。国家は国際舞台では国益を追い求め、それは生存、自律、経済厚生および集合的自尊心に関わっています。

さまざまな権益をもつ個人が、合理的に行動することによって社会がどう変化するかは、経済学などにより部分的には説明できますが、利他的な行動や政治的目的のために、投獄されたり死に至ったりする個人や集団の行動は説明が困難です。さらに、人々はなぜ自己の便益のためには守らないほうが有利な場合にも社会的なルールを守るのでしょうか。労働組合や医師会などの政治的な圧力団体が社会に存在するのは、政治的な行動から得られるその団体に所属する個々人の名声をふくめた便益が、その団体を組織し維持する費用を上回っているからです。所属する組合員や会員に排他的な便益がないときには、これらの団体は自然に消滅してしまいます。

社会契約説によれば、人々は集まって生命と財産に関する権利保障を目的とする国家を建設しなければなりません。国家は社会の富を最大化するために、その役割を果たしますが、最終意思決定の場を権力をめぐる政治的闘争にしてしまいます。あらゆる団体が、自分の利益のために富や所得を再分配するよう、政治的に行動するようになるのです。どのような財産権の構造のもとにおいても、平和に関わる利害が国家における重要な要素となります。

民主主義は、19世紀にフランスで生まれ、イギリスの伝統である個人主義的自由主義が加わることで、近代社会の自由主義思想として成立しました。人格的自由という自由主義的理念はイギリスではじめて定式化され、イギリスは18世紀を通じて羨望の的となりました。歴史的にみると、近代国家の進歩性を主張する社会契約説を提唱したのは、ホッブズ、ロック、ルソーであり、彼らに共通する点は自由な個人からなる国家社会を理論的に構成したことにあります。社会を構成するのは個々の人間であり、その意

味において、さまざまな共同体や集団、階級などは解体されてしまいます。こうして構成された社会はあくまで創りだされたものであり、自らの意志と力によって行動する個人からなる社会は、自らを統治する主権もしくは政府をもつことになります。人々が彼らすべてを威圧する共通の権力がない状況で生活しているときには、人々は闘争とよばれる状態にあります。無秩序な状態にあった人々が、はじめて共通の主権のもとに「国民」として組織された社会を創るとき、社会契約にもとづく法に従うことが正義となり、正義を客観的に保障する主体こそが主権となるのです。

　ホッブズによれば、人は能力において生まれつき平等であり、自然状態においては「万人の万人に対する闘争」の状態となってしまいます。社会のないところに平和はありません。平和を求め、理性によって社会を構成するときにはじめて、道徳や慣習法が生まれます。個人は生命の維持のために主権に服従しますが、この主権は全知全能ではないのですから、人民の生存権を脅かす場合には人民は主権者に抵抗する権利をもつ必要があります。人々はお互いに、相手を恐れるという状態から逃れるために、国家を形成する契約を結ぶことになります。さらに個人は王の権力によって弱肉強食の世界を超克するために、王との契約を承認します。その結果として、ホッブズは人々の利益になることにより結ばれた、個人と個人の間の契約から国家が生じると考えるのです。

　ロックによれば人は身体をもち、身体の労働が生み出す産物を所有します。人は労働によって生計をなし、平和に共存して日々暮らしています。この労働する人々は相互に合意を交わして、財産権を利用するための社会を形成します。そして財の保護や安全保障の確保のために、人間は統治機関である政府を信託し国民と

なるのです。これは、1688年の名誉革命の思想的表明となっており、近代の市民社会を誕生させました。

つぎにルソーの『社会契約論』を見てみましょう。ルソーの『社会契約論』がはじめて出版されたのは1789年に勃発したフランス革命の後です。革命の大義は、つい最近まで流通していたフランスフランの硬貨に刻印されていた自由、平等、博愛であることに留意しておく必要があります。人間は、いかにしてすべての人々に自由と平等を保障しうる国家を作ることができるのでしょうか。

ルソーの答えは「全体的な意志」を礎とする直接民主主義に他なりません。直接民主主義においては、個人の意志でありながら同時に共同の意志であるような意志、「全体的な意志」があると想定します。すべての契約に参加する者が、共同の意志をもつとすると、この共同意志においてあらゆる人間は完全に一致し、共同の意志の表現である国家たる政治的主権は、個々人の意志をそのまま実現させます。共同の自我を実現すべく構成された国家は、共和国の国民によって形づくられることになるのです。

国家との契約を可能とする「全体的な意志」があることにより、社会の構成員は自らの権利を共同体に譲り渡し自らが主権者となります。「全体的な意志」とは、その定義からして個人の利益を実現するものであり、主権者はそれを構成する個々の人間であり、個人の利益に反するものはありません。法と共同での防衛があってはじめて人々が「全体的な意志」の名のもとに、生命や財産のすべてを共同体の主権者に委ねることが可能となります。主権者は共同防衛体を組織する限りで、絶対的な権力をもたねばなりません。社会契約によって構成された国家は、一方で「国家への自発的な服従」を要求し、個人は平等と自由のために働く「全体的な意

志」にすべてを委ねます。契約によって一つの国家を形成することは、人間性に根拠をもつ共同性への信頼であり、権力執行機関への信託です。国家の合法性は民主主義とかけ離れては存立せず、国家は個人の生活や内面にはかかわらないことになります。ここでは国家とは個人に「サービス」を提供する組織です。

　それでは個人の自由を保障する市民社会を成立させるために、個人の権利や利益はどう保障されるのでしょうか。モンテスキューはロックの思想をうけつぎ、立憲君主制および三権分立の制度をフランスにもたらしました。権力は常に腐敗の危険に晒されています。政治的な自由は制限された政体にだけ見出されます。権力は権力が乱用されないときに存続するのです。権力をもつものはいずれもそれを乱用しがちですから、権力が権力を抑制しなければなりません。権力が権力を抑制する工夫を考え出し、対抗する力を国家機構の中に埋め込むことをモンテスキューは『法の精神』で提案したのです。三権力分立の概念には、立法府の権限の制限が暗黙のうちに含まれており、いかなる主権的な権力も拒否しています。組織的な権力の制限は、世論が忠誠を拒むことによってのみ達成されます。

　ところで安全保障を提供する国家にとっては、国民の一人ひとりの求心性が重要になり、国家が十分に大きくなる必要があります。そして、ある領域の中で暴力機構の力が非常に強くなると、個人に対し国家への忠誠を求めようとします。というのも国家の存在は、人々にとって最も重要である安全の保障にかかわっているからです。そのために他国との紛争などによって国家自体の存続が脅威にさらされ、平時における国家の治安では足りなくなった場合には、個々人も防衛要員として組み込まれてしまいます。

しかしながら、国民が直接投票によって政策の決定に参加する制度によっても、民主主義に立脚した政策の決定は困難を極めることがすでに明らかにされています。民主主義社会においても「全体的な意志」を容易に形作ることはできないのです。2人以上の人がそれぞれの選好順序をもっており、社会全体では一つの順序にまとめて意思決定を行うのが、「政治」の政策決定の問題です。国民は代表を選挙によって選出し、代表者が投票によって政策を決定するのが間接民主主義制度です。

ところが、民主主義の多数決ルールないしは、ランクづけルールに従うとすると、個人の選好を社会の選好に集計することは困難であることを、ケネス・アローは明らかにしました。いま、イ、ロ、ハさんという3人がいて、甲、乙、丙という政策の提案がある場合に、イさんの選好は、甲＞乙＞丙 、ロさんの選好は、乙＞丙＞甲 で、ハさんの選好は、丙＞甲＞乙 であるとします。この条件のもとでは、この3人の選好を同時に満たす社会的な順序は存在しません。

2　代理機関としての国家

政治組織も経済組織と同様に依頼人の富を最大化しているとすれば、社会契約説は、経済学のエージェンシー、「依頼人・代理人問題」に翻訳することができます。エージェンシー理論とは「ある個人が意思を決定する権限を代理人に委譲し、この代理人がその人の代わりになって行動を選択することを代理人関係として捉え、市場における契約や取引に関する人々の行動を分析しようとする理論です。本来、なんらかの権利を持つものをプリンシパル・依

頼人、そしてそれを代行して行う機関のことをエージェント・代理人と呼びます。各依頼人が個別に権限の行使を行うよりも権限を一部委譲し、代理人が統括して行った場合の方がより費用が安く抑えられる場合には、依頼人が代理人に権限を委譲する誘因が生じます。このときに重要な点は、代理人すなわち機関が大きければ大きいほど一人ひとりが負担しなければならない費用が下がることです。経済学では商品の生産量をふやせばふやすほど、一単位あたりの生産費用が下がる場合に規模の経済があるといいます。

　代理人と依頼人はそれぞれ独立した主体であり、代理人と依頼人がそれぞれもつ誘因が必ずしも一致するとは限りません。また代理人と依頼人の間では情報が共有されないので、代理人は依頼人の権限代行を常に適切な形で果たすとも限りません。したがって、依頼人が常に代理人に適切な形で権限の代行を行わせるためには監視費用がかかり、この費用のことを代理人費用とよびます。

　それでは、国民に安全を保障する代理機関としての国家を考えてみましょう。ある一つの国家が提唱する安全保障は、その国民を誰一人として排除することはできず、また他の機関や国が提供できるものでもありません。また、ロックが想定するような自然状態であっても、各人が武装するのでは、ホッブズ的な「万人の万人による闘争状態」になる可能性があるのです。ある個人が、個別に安全を確保しようとすると、その費用は極めて高く、それに比して代理人ないしは機関が新しく依頼人からの権限の委譲を受ける際の費用は極めて低いと考えることが出来ます。そのため自然状態において徒党を組み、集団になって安全を人々に保障する代理機関となる国家が出現するのです。

このように依頼人・代理人問題として国家を理解すると、国家の機能は以下のように特徴づけられます。国家は国民に一定のサービスを提供し、租税を徴収します。さらに、国家はある一定以上の規模を有することにより、一単位あたりの徴税費用をさげることができます。経済システムが円滑に機能するように、国家が提供する基本的サービスは、ゲームの基本ルールです。財産権は生産要素市場と生産された商品・サービス市場の両方の所有構造を決めることになります。司法行政制度に裏付けられた法体系が労働、資本と土地の所有構造を特定します。この生産要素の所有者が特定されない限り、これらを利用して生み出された収益の分配が決まらないのです。所得の分配が決まらなければ、それらの生産要素を利用して需要の高い商品やサービスを提供し、儲けを企てる血気に満ちた企業家も市場には現れません。さらに、刑法や民法の立法や司法サービスの提供、また防衛を含む安全保障サービスの提供に関する規模の経済性のために、国家の存在は市場におけるさまざまな財やサービスの取引費用を低下させます。そして社会においてできるだけ多くの生産を行い、国家に生ず

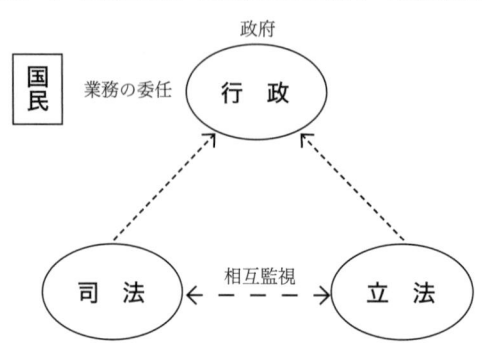

図式1-1 国民と政府　三権分立と依頼人・代理人関係

る租税収入をふやすために、取引費用を低下させることになります。さらに国家は常に、類似のサービスを提供し得るライバル国家や支配者となる力を持つ個人の出現の脅威に常にさらされており、国家の支配力の程度は国家の様々な集団にとっての代替物に大きく影響されることになります。

3　国家と租税

　国家は直接の暴力機関を持ち、それによる保護を個人に与える代わりに、個人は主に経済的な利益の一部を租税で、国家の一員であるための会費として支払います。安全保障を提供する国家は経済利益を志向し、個人は安全の保障を志向しますが、経済的な誘因よりも安全保障の誘因のほうが人の欲求として常に上位にあるため、そのサービスに対する価格の決定権およびそれを提供するか否かの決定権も、国家側に属する場合が多くなります。それでは国民は、各々どれくらいの会費をどのような方法で支払えばよいのでしょうか。現在、先進諸国では、徴税費用を少なくし、市場機構を出来るだけ円滑に機能させるために、所得税から消費税への依存度が高まっています。

　しかるべき会費の問題に答えるには、まず国民全体が望む公共サービスの量を決める必要がありますが、残念ながらそれは不可能です。なぜならただ乗り問題があるからです。社会における多くの人々のただ乗り行動が、人々が投票になかなか行かないこと、匿名の献血では病院に血液が十分に供給されないことなどを説明しています。公共サービスの水準を国民に問うたところで、ただ乗りする人々がいる限り、国民が必要としている公共サービスの

水準はわからないのです。

それでは、公共サービスの水準を現状のままとし、政府の歳出を一定としたときには、誰がどれだけの会費を支払うべきなのでしょうか。これにも経済学は明瞭な答えを出すことができません。まず、すべての歳入は消費税とし、すべての商品に一律に1割の税をかけてみましょう。すべての商品の価格はすべて1割増しになるので、それぞれの商品の相対価格は元のままで、市場への攪乱はなく、一見市場の資源配分にも問題がないように思われます。しかし、問題があるのです。いま米のような商品があり、低所得者と高所得者がいるとします。消費税がかかると、人々はその分だけそれぞれの消費をへらすことになります。このとき、社会全体の厚生はどうなるでしょうか。

経済学ではある消費からえられる効用という考え方を利用しています。この効用は消費量とともに少しずつふえますが、消費量が1単位ずつふえたときに、その効用の増分は少しずつへっていきます。具体的には、ご飯の3杯目を食べることによる効用の増分は、2杯目より小さくなります。この前提のもとで消費税が課されると、2杯しか食べていなかった低所得者が1杯分のご飯を減らされたときの効用の低下は、6杯から1杯分だけへらされた高所得者の効用の低下を大きく上回ります。金額では同じ負担ですが、効用で見ると同じ負担にはならないのです。その結果として、人々の欲するさまざまな商品やサービスの消費量が変化し、それぞれの相対価格が変わります。

では、定率の所得税ではどうでしょうか。1割の所得税をすべての所得者にかけるとすると1000万円の所得がある人は100万円、100万円の人は10万円の税金を納めることになります。高所得の

人は多くの税金を払うことになりますが、その所得を稼ぐために、そうでない人に比べてより多くの公共サービスの恩恵を受けているとすると、しかるべき対価を払っていることになります。この税率で、人々の労働意欲がそれほど低下しなければ経済学的にはあまり問題がないのですが、残念なことに所得税の徴収には、個々の人々の所得を正確に税務署が把握することを含めて、消費税に比べて高い徴収費用がかかります。

　さらに、相続税についてもふれておきましょう。ハイエクによれば、人は生まれながらにして能力において平等ではないのであるから、相続税によって、資産の保有量を調整しようというのは誤りであるとしています。自由な資本主義社会においては、偶然や運によって大金をつかむ人もいれば、汗水たらして働き社会的に成功する人もいますが、所得の再分配はできるだけ家族や、親族または血縁者の中で行われるのがよいのです。そうでなくて、政府が社会保障のために税や年金を強制的に徴収して、所得の再分配をおこなえば、政府は肥大化し、非効率的な資金の運用がふえ、資本主義のダイナミズムは喪失してしまいます。

4　官僚と政治家の行動原理

　官僚組織は、歳出と自分の部署を拡大させる誘引をもっています。個々の官僚は権力、威信だけでなく退職後の天下り先から得られる経済利益の大きさを考慮して、日々の政策運営に携わっています。予算が大きくなるほど権力が大きくなるので、官僚たちは歳出をできるだけ抑えようとする誘因を持ちません。官僚を統制するのが政治家の役目であるとしても、高度に専門・技術化し

た行政機構においては、国民と技術官僚の間に情報の非対称性が生じているために、数年ごとの選挙で選ばれる政治家の官僚機構への監視・監督機能は低下しつつあるのが現状です。他方、政府は国民の各集団を分離して、それぞれに対して歳入が最大になるように法体系を整備します。ところで、政治家自体も歳出の大盤振る舞いで、景気をよくして選挙に勝つという誘因をもち、財政削減の実行はかなり難しいものになります。国民一人ひとりにとってえられる経済的な利益よりも、政策の内容を詳細に知るための情報収集費用が高い場合には、官僚は自分達の政治的な利益追求のために歳出を計画して規制を歪めてしまうことになります。このような情報費用は、政府の業務が拡大し、官僚組織が高度化すればするほど高くなります。財政金融の経済政策の費用を過小評価している限り、財政政策は脆弱な税制基盤と放漫な歳出によって赤字財政となり、政府の借金である国債の山が後世の世代に付けまわしにされます。もし、政府が特定の圧力団体のために補助金や支持価格によって歳入の低下や歳出の増加をもたらすならば、国全体の経済効率の悪化は、その団体の経済的利益に見合わないぐらいに大きくなります。分散し組織化されていない一人ひとりの国民よりも、共通の経済利益をもつ団体は、社会において大きな影響力をもつ政治的な圧力団体となるのです。税制上の優遇措置、補助金や助成金および農産物の支持価格や輸入の数量割り当ては、その生産者に大きな利益をもたらします。

　したがって、生産者の利益団体は、市場の価格メカニズムによる有効な資源配分をゆがめるような規制を求めて官僚や政治家に政治的な圧力を加え、消費者一人ひとりには小額ながら国家レベルでは多大の損害を与えてしまいます。従来規制はある特定の産

業において、ある会社の独占やいくつかの会社の寡占から国民の一人ひとりを保護するものと考えられていました。しかしながら、規制が動態的な競争という危険から保護してくれるからこそ、会社は規制を望むのです。これらにはタクシーの認可制から始まって、銀行の参入規制まで様々なものがあります。

5 国民と集合的アイデンティティ

　従来、政治学では国家にかかわる問題を政治過程や行政過程に還元してきました。国家とは権力を合法的に行使する形式化された機関で、国家の意味はその合法的な権力を行使する過程、具体的には政治的な意思決定過程と行政過程であり、その分析に力が注がれてきたのです。

　ところが、アンソニー・スミス著『ネイションとエスニシティ―歴史社会学的考察』によるとすべての国民は、領域的要素と民族的な要素の双方の刻印を帯びています。領域的な要素とは、市民権、領土、共通の法や政府、政治的文化と市民精神を基礎とする連帯です。民族的な要素は、集合的アイデンティティとなります。さらに、これは歴史的な集合的記憶をともにもつ連帯であり、国家は根深く共同性の中に埋め込まれています。多くの国家は国民に求心性を形成しようとし、その求心性の手段として集合的アイデンティティが利用されます。国家に対する集合的アイデンティティであるナショナリズムを分析したベネディクト・アンダーソンの指摘によれば、ネイションは「固有の境界をもつと同時に主権的であると想像された、想像上の政治共同体」です。したがって、ナショナリズムは自然に発生し、消滅する場合もあれ

ば、意図的に創り出され、消滅させられる場合もあるのです。ナショナリズムとは「自治、統一およびアイデンティティを獲得し維持しようとして、国民国家を構成しているか、将来構成する可能性のある集団によるイデオロギー運動」です。

それではアイデンティティはどのように醸成されるのでしょうか。自己アイデンティティは日常的習慣という場で形成されます。人間は差異あるものとして生まれ、差異ある環境に直面し、自己内部の差異を抱えながら生活します。それゆえに、欲望や感情に生じる差異あるいは同一の志向を持つ国家、民族といった集団の内部にいる人の意向には差異が生じます。その結果として、自己アイデンティティは、必然的に差異あるものとして設定された身体と精神を持つ人間の日常的な習慣という場で形成されます。さらに、人間が自分の経験からいわば主観化して過去や未来を見ることによって、人間的な時間という形式の中で、感情の対象が拡大されるとともに、感情自体に差異化と同一化との両方向に、変容が生じます。さらに空間という形式も独自に主観化された枠組みであり、同じような変容が生じます。

同じように、集合的アイデンティティも形成されます。集合的アイデンティティは、ある土地の気候、気象、地質、地味、地形、景観の総称である風土における時間・空間の履歴によっても彫琢されるという指摘が、和辻哲郎の『風土－人間学的考察』にもみられます。彼は主客二元論を超えて人間存在を問い、人間は風土の中に自分自身を見出しているとしました。

⑥ 社会思想と政治

歴史をふりかえると国家のあるべき姿は、様々な社会思想に影響されてきました。フリードリヒ・アウグスト・ハイエクは『科学による反革命―理性の濫用』を20世紀の中ごろに出版し、自然科学を見習っていかに「科学」を標榜しようとも社会科学は思想であることを明らかにしました。『隷従への道』や『自由の条件』で知られるハイエクは、1974年にノーベル経済学賞を受賞していますが、その受賞理由は「貨幣論と経済変動論における先駆的業績ならびに経済的、社会的および制度的現象の透徹した分析」が評価されたためでした。ハイエクは、個人を行為に導いている主観概念から出発して体系的に全体を構成する、ミーゼスが「方法論的個人主義」と呼んだ立場から、ケインズ主義やマルクス主義を概念実在論ともういうべき集団主義に陥っていると真っ向から非難したのです。

　ハイエクは、「誤って自然科学の方法と信じたものを社会科学者が模倣している」と主張して、理性による社会管理を主張するマルクス主義や、技術官僚が財政・金融政策によって経済を調整しようとするケインズ主義を批判して、一貫して自由放任の市場社会を擁護してきました。「技術官僚が財政・金融政策によって経済を調整できる」という発想は、ケインズが住んでいた通りより名づけられた「ハーベイロードの前提」という設計主義思想に立っていると考えられています。すなわち、ケインズは技術官僚が、一般の国民より多くの情報と知識をもつので、経済の動向を適切に運営できると考えているのです。具体的には、公共事業や社会保障を主とする財政支出の拡大や縮小および景気後退期の通貨供給の増大と好景気期のその縮小という金融政策によって、経済システムを安定的に運営できるとケインズは考えました。労働団体を

はじめとする政治運動に目を転じると、政党では左派がマルクス主義共産党、中間派が民主党で、右派が自由主義者で、最も右が保守主義となっています。民主党より左派は、人々の結果の平等、具体的には社会保障制度による所得の再分配を重視し、それより右派の政党は個人の自由をより重視し、結果の平等より法の下の平等や機会の均等を重視しています。保守主義では伝統を守りながら慣習や社会秩序も重視します。

自由主義は人類の堅実な進歩を信仰します。理性的に社会を設計しようとするケインズ主義は自由社会を守るために誕生しており、自由主義の範疇に入ります。自由主義において人々は、制度のさらなる改良を期待して行動します。自生的変化は政府の管理のもとで、より滑らかに生成します。自由主義者が既成の制度が重要であると考えるのは、その制度が成立してから歴史的な時間がたっているからではなく、その制度によって自分たちが追い求める理想、個人の自由の拡大が保障されているからです。

7　ゲーム論からみた政治

政治行動を過去半世紀以上にわたって発展してきたゲーム理論という一連の数学モデルを使って考察してみましょう。以下では、『ゲーム理論[批判的入門]』ヒープ・ファロファキス著を参考にして、個人や国家の行動を分析してみます。方法論的個人主義の立場からのゲーム論へのアプローチによると、個人としての行動が制度の源です。構造が行動と分離されるとき、構造はそれ以前の相互関係の単なる履歴となります。究極的にはすべての社会構造は非社会的な個人の集合の間における相互関係からうまれるこ

とになります。制度のいくつかは相互関係の繰り返しの中で生まれ、行動を支配する慣習を通して自生的に生じます。慣習や習慣から慣習法は生まれたのです。

ゲーム理論の基本的な分析枠組みにおいては、ある一定数の当事者がいて、その当事者はある所与の数の選択肢があり、このうちから一つを選ぶことができます。ゲームの帰結または利得は、すべての当事者がとりうる選択肢の組み合わせがきまったときに、当事者に帰属する報酬または罰則の集合です。前提は、人間は道具主義的に合理的であり、人々の合理性についての共有知識をもっているということです。人間が道具主義的に合理的であるということは、共有知識としての確信が整合的に配置されているということであり、人々の合理性についての共有知識を持っているという前提は、「合理的な」人間が重要な社会的な相互関係の中でどのように行動するか、あるいはするべきであるかについての一般的な予想から生じるずれを暗黙のうちに無視しています。

ここでは、ケネス、D.ボールディングスの『紛争の一般論』から非協力ゲームを考察してみましょう。**表1-1**には二人の共犯者が警察に逮捕され、それぞれの部屋で取調べを受けている場合が想定されています。二人の容疑者にとっての最適戦略はどちらも自白しないことで、それぞれの利得は5と5になります。しかし、各々取調べの刑事から、「お前が先に自白したら、お前の刑を軽くしてやるぞ」と言われると、各々共犯者との共通の利益のことを忘れ、自己の保身にはしり、二人とも自白する(−1、−1)という最悪の結果になってしまいます。このようなケースが、ゲーム論では囚人のジレンマと呼ばれます。

表1-1 囚人のジレンマ・ゲーム

I＼II	自白しない	自白する
自白しない	(5, 5)	(-10, 10)
自白する	(10, -10)	(-1, -1)

　囚人のジレンマ・ゲームの国際政治への応用例は以下のようなものです。二つの超大国アメリカ合衆国とソビエト連邦があり、それぞれが相手を軍事力で凌駕したいと思っているとします。この二つの国は軍備拡張か軍備縮小かの選択に迫られており、軍備拡張には相当な費用がかかります。二国が軍備を拡張して競い合うことは、両国が軍備を縮小するときよりも、両国にとって利得が減少することになります。しかしながら、それぞれの国は、相手国よりも軍備において勝ることを望んでおり、それぞれの国にとっての最善の状態は、自国が軍備を拡張し、相手国が軍備を縮小させることです。二国が互いに自国の利益を優先して行動することによって、結果として両国が軍備を拡張し、最悪の事態に直面します。

表1-2 二大国の軍備競争

米国＼ソ連	軍縮	軍拡
軍縮	(5, 5)	(-10, 10)
軍拡	(10, -10)	(-1, -1)

この囚人のジレンマは一回限りの非協力ゲームの帰結なのですが、ゲームが永遠に続くとするとこの非協力ゲームは協力ゲームに変わる可能性が高くなります。なぜなら、一度相手を騙し、出し抜くことができたとしても、またゲームを続けなければならないとすると、次には報復を受ける可能性があるからです。これはフォーク定理と呼ばれています。すなわち、諸国家が宇宙船地球号の中で、繰り返しゲームを行わなければならない場合には、ゲームの解は協調解になることを示唆しており、人類の未来に希望の光をともしています。

第2章　市　場

1　資本主義

　人類の経験と叡智によって生み出された市場を、人類のさらなる幸福にいざなえるように、それにふさわしい思想、宗教や文化の創造が待望されています。資本主義とは「利潤を永続的に追求していく経済活動」です。商業資本主義の時代には、気候風土を含めた空間的差異から交易をおこなうことによって超過利潤がうみだされました。イギリス人ウイリアム・シェイクスピアが、『ベニスの商人』において中世のベニスを舞台にユダヤ人、シャイロックの貿易商人への金貸しにまつわる悲喜劇を著したのは16世紀末です。オランダの東インド会社は1602年に設立された世界初の共同出資方式の会社で、当初は航海ごとの利益分配方式をとっていました。この時代における資本蓄積により、産業革命をともなって産業資本主義の時代が到来しました。この時代には労働の一人当たりの生産性と実質賃金率の差異から、超過利潤がうみだされたのです。

　18世紀後半に発行された『国富論』において、アダム・スミスは政府の介入をともなう重商主義政策を批判して、産業資本家の権

限を強める自由貿易と自由放任を主張しました。このスミスの分析には、すでに、労働こそが富の源泉であることが的確に捉えられています。さらに、社会全体における分業と協業による取引の利益をあきらかにしています。ポスト産業資本主義の時代では、差異性を意識的に作りだして超過利潤をうみだしています。差異性を意識的に作り続けられる産業とは、映画、音楽、テレビゲーム、服飾に関わるブランド商品やアニメなどの余暇産業です。そして、19世紀の世紀末にヴェブレンは、『有閑階級の理論』において「消費」は、見せびらかしの余暇とブランド品などの浪費としました。この「消費」こそが、他者の消費との差異もたらし、そのことによって効用が人間にもたらされることを明らかにしました。他者との差異を求める欲望には限界がありません。

2 市場機構

　資本主義社会の基本である市場や貨幣は、もともと国家の枠組みなしでも機能しますが、国家のもとでその力を一層発揮してきました。市場はもともと、物と物を交換する場として成立したのですが、貨幣が登場することによって、物と貨幣を交換する場に発展していきました。日本や欧米諸国のような発達した社会の市場機構を、物という商品の交換だけで特徴づけるのは無理があります。現代では、交換される商品は財・サービスのほかに株式、国債や社債のような金融商品も含まれ、さらに、情報そのものが商品となります。

　アダム・スミスが『国富論』において、見えざる手とよんだものは、この市場機構そのもので、社会の予定調和（ハーモニー）は、

さまざまな財・サービスの価格が需要と供給に応じて自由に上下に変動することによって達成されます。すなわち、人々が自己の欲望にしたがって、社会においてさまざまな商品を生産し、消費をおこなうとしても、思いやりをもつ利他主義的な経済システムより、生産量と社会調和において優れていることを明らかにしたのです。市場は所得の配分を決めますが、実際には政府が介在するので、最終的な所得配分は単純な市場メカニズムによるものではなくなります。特に、政府は経済に大きな影響力を持っており、経済の発展を促進したり、阻害したりします。通常、マクロ経済学といえば閉鎖経済を対象としており、開放マクロ経済学というときには世界市場において貿易や金融で取引を行っている国民経済を対象とします。しかし、対象をこのように限定するのは便宜的なものであり、あまり対象を人為的に狭くしてしまうと弊害も生じてしまいます。市場とは、家計や会社という経済主体をつなぐネットワークであり、地球規模まで無限に拡大する性質をもっているのです。

　市場が自生的に発生したものでなければ、人類史上もっとも偉大な発明といえます。ハイエクは市場を自生的な秩序の一つであるとみなしています。自生的秩序とは、自生的に人類のある集団が採用し、試行錯誤を長年繰り返すことによって定着させてきた行動規範の体系のことです。法や道徳は、言語や貨幣と同じく自生的に生成した秩序です。市場経済においては、人々が消費する商品・サービスか、生産する会社のための資本財かを問わず、生産量や消費量と、その結果としての所得の決定は基本的に市場原理によって行われています。組織された市場では、さまざまな商品やサービスの価格が上下に変動することによって、個々の売り

手と買い手が払わなければならない情報の費用を大きく節約します。価格メカニズムを使う市場は、社会全体において多様な商品の適切な生産量と消費量を決める情報を節約し、計画のための莫大な費用を低下させています。奴隷制および封建制社会においても、主として資本制ではない様式で生産された商品を、これらの共同体の内部またはそれらの共同体どうしで、市場を通じて商品の交換を行なっていました。

　市場経済では、まず財産権のもと私有財産をもつ権利が保障され、それにもとづいて分権的な形で生産と消費が行われています。分権的というのは、政府の計画にもとづいて行動するのではなく、政府から独立して会社や家計が自由に意思決定を行っているということです。私有財産が保障されていることにより、個人や会社がもっている財産が他人によって不法に奪われたり、また没収されたりすることはありません。ましてや、政府によって、不法に土地を接収されてしまうようなこともありません。財産を自由に処分する個人の権利が制限されることがない私有財産制の下では、さまざまな商品の生産への特化により分業が発達し、商品の交換が活発になります。分業によって個々の職人の専門的知識が発達し、生産の効率がよくなることで、商品の交換からえられる利益が高まります。このような市場の発達と拡大は、さらに分業や専門化を促します。どの程度の分業が進むかは、市場がどのぐらい大きいかに依存しています。

　もし市場を使わないで無数の商品の価格を決めようとすれば、政府は人々が必要とする多くの商品・サービスにおいて、価格をさまざまに変えた場合の需要量を調べ、コンピュータを用いて連立方程式をとかなければなりません。政府がすべての商品の生産

量と消費量を決めようとすれば、過去に旧ソビエトや東欧の社会主義政府がそうしたように、ごく限られた情報にもとづいて政府が決めた消費量や生産量を会社や国民に押しつけることになります。そうなると供給を上回る需要がある商品を売る店には人々の長蛇の列が、そうでない商品を売る店には閑古鳥がなき、在庫がつみあがることになります。

　市場機構のもうひとつの特徴は、多数の会社や個人の間の動態的な競争です。市場における競争は、利己的な動機にもとづいて行動する人々を目覚めさせ、市場の動向を観察することによって、人々がほしがるものを、その人たちがほしがる量だけ、市場で取引されるであろう価格をつけて販売することになります。別な見方をすれば、市場とはお金による投票制度で、人びとの欲求に応えかつ品質の良い商品に、人びとは多くの貨幣を投入することになります。ある人が一票を入れることにより、その商品の価格はあがり、生産者にはより多くの収入がもたらされます。価格があがると収入がその費用をこえ利潤をもたらしますから、生産者に生産を拡大するように信号を送ることになります。生産者は利潤をふやして自分の所得をふやしたいので、この信号に素早く対応します。もしこの生産者の対応が遅れれば、他の多くの生産者がより早く対応して、類似の商品やサービスの生産量をふやしてしまうことによって、対応の遅い生産者を市場から退出させてしまいます。

　もし商品の品質を一定にし、数も制限するとすれば、社会主義の計画経済においても適切な価格が決定され、それにみあう生産量と消費量を決めることが可能となるでしょう。商品の品質と種類が一定ならば、政府が毎年少しずつ情報を集めていくと、いつ

かは必要な情報の大部分を入手できるからです。しかし商品の品質と数が一定という前提は、現実の高度に発達した社会においては現実的ではありません。なぜなら現代では毎日のように新製品が開発、発売され、また多くの種類の商品が時代遅れとなり、泡のように消えていきます。これは市場経済において新製品や既存の商品の販売を巡って激しい競争が行われているからです。

　市場におけるさまざまな商品の価格は、たんなる抽象的な数字にすぎませんが、消費者の貨幣による毎日の投票によって絶えず変動します。こうして市場は、その変動を通じて適切な量の生産と消費が行われるように絶えず微調整を行っています。市場は、先に述べた連立方程式を一挙に解くことはないのですが、生産者と消費者のフィードバックを通じて最適価格に限りなく近づきます。市場経済においては、社会主義国における計画当局のように膨大な情報を集めて、誰かが全体として正しい価格や生産・消費量を決定する必要がなくなります。たとえば、生産者はある商品の価格とこの商品の生産に必要な原材料の価格や賃金さえわかれば、基本的に生産をふやすべきか、へらすべきかがわかるのです。価格の変動が小さい場合には、原材料や商品の在庫の変動が需要と供給の差を調整しています。

3　市場における需要と供給

　図2-1に消費量と効用の関係が表されており、横軸が消費量で縦軸が効用水準を示しています。ある商品の効用は消費量とともに少しずつふえますが、消費量が1単位ずつふえたときに、その効用の増分は少しずつへっていきます。具体的には、りんごの三

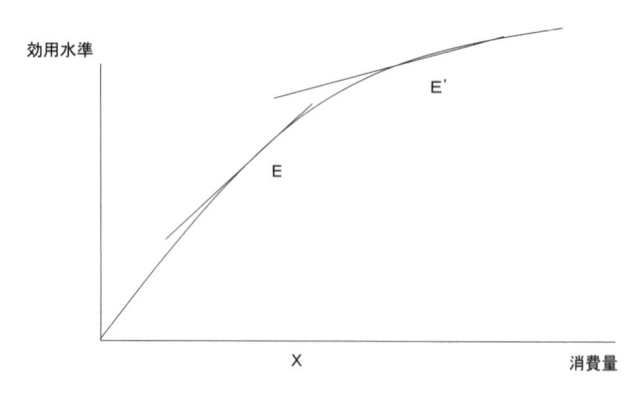

図2-1 消費量と効用水準

つ目を食べることによる効用の増分は、二つ目より小さくなります。これを限界効用逓減の法則といいます。この限界とは1単位モノがふえるごとという意味です。したがって、ある商品への需要量は価格がさがるとふえ、価格があがるとへります。

また、ある商品の供給量は価格があがるとともにふえることになります。これは、収穫逓減の法則を前提とすると、生産量をふやすと、投入生産量1単位あたりの生産性が低下し、1単位あたりの生産費用があがるからです。また市場全体では、価格があがれば、1単位あたりの生産費用が高い生産者も市場に参加できることになります。ある商品の値段があがると、人に自分が何をどれだけ買いたいのかを考え直させ、この商品の需要をへらします。このような商品やサービスの値段の上下への変動によって、需要と供給は日々刻々と調整されています。ある人がある商品をどれだけ買いたいと思うかは、その人の所得と共に、他の商品をどれだけ買えるのかによるのです。他の商品は、発達した市場経済においては多くの種類があり、これらの商品の組み合せ方はほと

んど無数になります。この無数のなかから、手に入れることが可能な商品の量と価格がわからなければ、ある商品をどれだけ欲しいかわかりません。しかもこの問いに答えるには、人々が自分の自由にできる所得を知る必要があります。所得と消費する商品の束とを比較するとき、商品の価値を共通の単位で測ることが必要です。各商品の価値を共通の通貨で測るということは、実はその財の価格を決めることと同じです。このことはある商品と別な商品の交換比率、つまり相対価格を決めることです。ある商品のしかるべき価格を決めるには、その他の数限りない商品の価格がわかっていなければならないのですが、このことは他の商品のすべてについても当てはまるので、すべての商品の価格は同時に決定されなければなりません。

　市場では一般に価格とその価格で取引される数量が決定されます。商品やサービスの市場は無数の個別市場からなります。この市場では様々な商品やサービスが取引され、それらの価格と取引量が決定されます。この決定は需要と供給が一致するように価格と数量(供給量、需要量)が価格メカニズムを通じて変動することによって達成されます。いまある一つの財(リンゴ)を選んでその財の価格と取引量が決定される価格メカニズムを図であらわすと**図2-2**のようになります。供給曲線Sはある価格、たとえばP1に対してリンゴ栽培業者が喜んで売りたいという量(供給量)をすべてのリンゴ栽培業者について(水平に)合計したものです。供給曲線上の点では利潤は最大となっており、それ以上供給量をふやしても利潤はふえません。

　需要量は価格がさがるとふえ、価格があがるとへるので、需要曲線Dは右下りで負の勾配となっています。これも各家計が所与

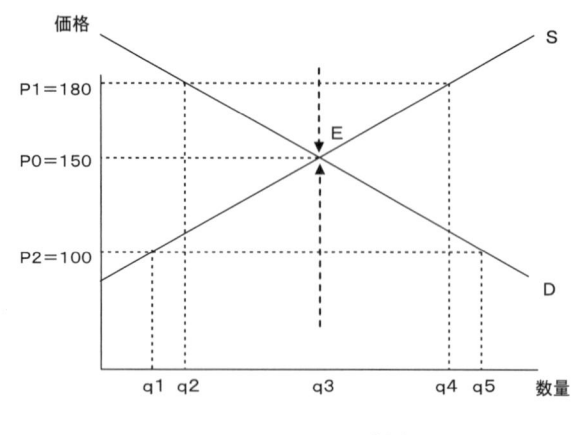

図2-2　リンゴ市場

の価格（例えば1個180円）で買いたい量をその国の家計についてすべて合計したものであり、その量はq_2です。価格が100円ならば、社会の総需要はq_5です。供給曲線上では各会社は利潤を最大にしていますが、そのような計算を各会社がするとき、リンゴの市場の価格と生産（供給）量以外は、その市場にとって所与となります。リンゴ以外のすべての製品、たとえば果物の梨や柿、あるいは衣類や自動車、住宅といったすべての製品の価格、賃金や原材量、中間製品等、それから資本の価格である利子率がこれに含まれます。

　リンゴの市場で社会の総需要と総供給がおなじになるのは図2-2のE点です。すなわちリンゴの均衡価格は150円で、そのときの総販売量はq_3です。このことは次のようにたしかめることができます。もしリンゴの価格が150円（P_0）でなく、180円（P_2）であったとしたら、その価格で栽培業者が供給したいと思う総量q_4はであるのに、消費者が買いたいと思う総量はq_2にすぎません。つ

まり$q_4 - q_2$だけリンゴが売れ残るわけですから価格はさがります。この売れ残り(超過供給)は価格が150円になるまで無くならないので、価格は150円になるまでさがるはずです。もしリンゴの価格が100円であれば、総需要はq_5であるのに総供給はq_1にすぎません。すなわち$q_5 - q_1$だけの品不足(超過需要)があるわけですから価格はあがります。この上昇は品不足がなくなるまで続くので、結局150円以外に均衡価格はないことになります。

第3章 マクロ経済学から見た国際摩擦

　この章では、基本的な開放マクロモデルを説明して、ある国の輸出の増加が自国民の雇用と外国の雇用に与える効果を分析し、貿易摩擦の原因を考察します。

1 国民所得と雇用

　ジョン・メイナード・ケインズは、世界が大恐慌からの脱却にあえいでいた1938年に『雇用・利子および貨幣の一般理論』を出版し、経済学において金融市場を体系的に分析することを初めて可能にしました。この本は、1917年にロシアのプロレタリアート革命が勃発し、その足音がヨーロッパ世界に近づいていた時代に、ヨーロッパの自由主義を守るために書かれた福音の書でした。ケインズが描き出した世界は、アダム・スミスが説明した予定調和からはかけ離れて、常に失業者が街角をさまよう社会でした。すでにマルクスが『資本論』で指摘していたように、過度の資本蓄積によって生産能力が常に商品への需要をうわまわり、有効需要の不足から経済が常に停滞する社会でした。

マクロ経済学で一番重要な概念がおそらく国民総生産、または国民所得です。これはしばしばGNP（Gross National Productの略称）ともよばれますが、今日では、国際的な資本の移動や労働者の移動のために、国内の生産状況をより正確に表す国内総生産（Gross Domestic Products、GDP）が使われています。ある年の国民総生産とは、その年にその国の国民が自分のものである労働力、資本、土地という生産要素を用いて作りだした新しい価値（付加価値）のことです。ここでの価値という言葉は、ある人が他の人々に役に立つものを生産して売りに出すと、人々はそれが価値あるものとみなして一定の価格（価値への対価）を払って買いいれるという関係をさしています。この価格は、通常その商品の価値を市場が決定し、市場で決定された通貨の単位として表わされます。

　以下では説明の便宜のために、市場経済において経済主体は家計と会社だけで、政府・公共団体が存在していない場合を考えます。両者の相互依存関係、すなわち両者の間の財・サービス、資金、所得の流れは以下のようになります。経済学では、**図式3-1**に表されているように経済主体は数多くの家計と会社からなります。家計は生産要素である土地、労働や資本を所有し、これらを会社に利用してもらい、会社からは報酬として、地代、賃金と利子（資本のレンタルプライス）をえることになります。会社は、家計から提供された資本、労働や土地といった生産要素を使って、商品やサービスを生産して市場で売り、収入をえます。これらの収入はそれぞれの生産要素の生産に見合った報酬として家計に支払われます。家計は、これらの所得を使って、商品やサービスを購入します。

図式3-1 経済システム

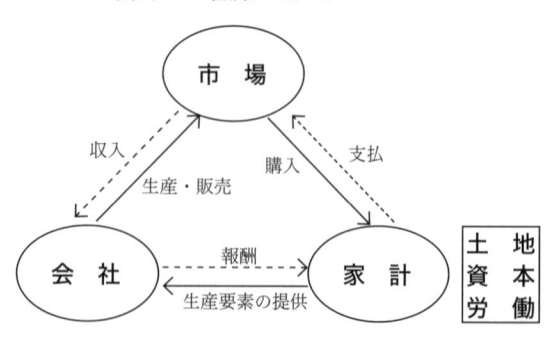

```
              市　場
         収入 ↙   ↘ 支払
     生産・販売     購入
      会　社 ←報酬→ 家　計    土地 資本 労働
          生産要素の提供
```

　家計は労働力という生産要素を会社に売って、賃金という代価をえます。ここでの家計は個々の家計ではなく合計された総体としての家計で、会社も合計して一つにまとめています。現実には会社間で原材料、中間品、完成品の会社間の売買取引があります。会社と家計との間には、また会社が商品・サービスを市場で家計に売り、家計は代金を会社に支払うという関係があります。この家計の支払は家計の売る労働への報酬である賃金から、貯蓄分を差し引いた残りからなります。ただし家計の可処分所得は、生産要素からの報酬のほかに保有する資本に関する株式や社債から得られる利子、配当の収入を含んでいます。

　いま市場に食料、衣料、自動車という三つの商品しかないと想定しましょう。それらを量X、Y、Zとよびにその価格をそれぞれP_x、P_y、P_zとすれば、名目国民総生産は$P_xX+P_yY+P_zZ$となります。すなわち食料の価格×食料の生産高＋衣料の価格×衣料の生産高＋自動車の価格×自動車の生産高です。ここで価格は市場価格そのものではなく各部門の中間製品や原材料費を差し引き、生産物1単位当りの附加価値として「純価格」に換算したものです。名目

国民総生産はGNPデフレーターに実質GNPをかけたものに等しくなります。GNPデフレーターとはその国の平均的価格水準（物価の一種）です。基準年次は通常5年ごとに改められます。GNPデフレーターは、まず各々の財・サービスの支出推計値から物価指数を用いて各々の実質所得を計算し、これらを集計した実質国民所得で名目国民所得を割って求めます。ところで国民総生産から資本財の減耗を差引いたのが国民純生産であり、この国民純生産から間接税を差引き、補助金を加えて国民所得は計算されます。マクロ経済学では通常、国民所得は実質国民所得を表わします。この国民所得から直接税を差引いたのが可処分所得です。国民総生産から海外との生産要素（資本、労働）所得を差引いたのが国内総生産です。日本のように対外純資産が多額にのぼっている国では国民総生産のほうが国内総生産より大きく、発展途上国のように巨額の累積外貨債務を抱えている国では国民総生産のほうが国内総生産より小さくなりますが、発展途上国でも海外出稼ぎ労働者の送金がかなりの額になるときには国民総生産のほうが国内総生産より大きくなる可能性もあります。産業間で取引されて、生産のために用いられた財・サービスを中間投入、民間消費以下輸出までをまとめて最終需要といいます。すなわち最終需要＝民間最終消費支出＋政府最終消費支出＋民間企業設備＋民間在庫品増加＋公的固定資本形成＋公的在庫品増加と輸出です。そして最終需要から輸入を引いたものを国民総支出といいます。

　一方、生産額と中間投入に関わる経費との差額は産業内部に留保され、これは生産活動のもたらした広義の収益とみられるので、総付加価値と呼ばれます。そのうち企業は固定設備の減価償却などの固定資本減耗を控除し、また製品の出荷に際して課せられる

間接税(消費税、酒税、ガソリン税など)を支払います。さらに総付加価値からこれらを差引いた残りだけが、産業の内部で分配可能な所得であり、これを純付加価値といいます。そこで総付加価値合計=固定資本減耗+間接税+国民所得となります。また国民所得は、労働、資本、土地などの生産要素に支払われた対価の合計です。総付加価値合計が国民総生産(GNP)であり、国民所得に間接税と固定資本減耗を加えたものです。

　ところで、国民総支出(GNE)と国民総生産(GNP)は定義上必ず等しくなります。各産業の総生産額のうち、中間需要は、他の財・サービスのために用いられて消滅してしまうので、生産活動の成果として残るのは、GNEとGNPの部分だからです。そのため国民総生産のかわりに、国内総生産が尺度として用いられることがあります。「国民」概念と「国内」概念の違いは、「国内」概念は、文字通り、国内における生産を集計するので、国内で得られた外国人の所得で海外に送金されるものを含み、海外における本邦人の所得で、本邦に送金されるものを含みません。したがって　国民総生産は国内総生産から対外要素支払い(利子所得および移民からの送金等)を差し引き、海外からの本邦への要素支払いを加えたものです。開放マクロ経済とは、一般的には財・サービス市場、及び金融市場が海外の市場、すなわち、国際市場に対して開放されている状態であるという意味です。財市場の開放は一般に商品市場における貿易制限、すなわち、関税や数量制限などの様々な貿易障壁を取り除くことによって達成されます。金融市場の開放は金融市場の自由化とも言われますが、為替取引、様々なタイプの資本移動の取引に関する様々な制約や為替管理を取り除いたときに達成されます。

まず、開放された商品・サービス市場の特徴から説明しましょう。開放された財・サービス市場において、自国財と外国財が取引されます。そして、自国財は外国に輸出される貿易財と外国とは取引されない非貿易財とからなります。すなわち、多くの場合に財・サービス市場では、自国の会社によって生産される非貿易財と貿易財の二つに外国財をあわせて三つの種類の財が取引されます。開放された財市場においては、総生産は総供給であり、市場の均衡のためには国民総所得でもある総生産Yは、総消費C、総投資I、財政支出Gと経常収支（総輸出引く総輸入、X−Im）からなる総有効需要に等しくなります。総生産Yは短期的には総雇用に依存しており、雇用がふえるとともに、緩やかに生産はふえていきます。Y＝C+I+G+X−Imの式で経常収支が均衡していれば、X−Im=0であり、これは閉鎖経済の均衡式に等しいことになります。開放マクロ経済においては、名目賃金あるいは物価水準が硬直的である不完全雇用の下で、有効需要が実質国民所得を決めています。国民総支出=民間消費支出(C)+民間投資(I)+政府支出(G)+輸出(X)−輸入(Im)となります。いいかえると国民総支出というのは、その経済における最終需要から輸入を引くことによって、国内総生産に対してどのような需要が対応したかをとりまとめたものです。なお、財貨・サービスの輸出入の差額は、国際収支勘定における資本取引以外の収入支出の差にみあっており、これを経常収支といいます。この点に注目すれば、国民総支出は国内需要と経常収支差額の和となっています。

国際収支表は、1年間の海外との財・サービスの輸出と輸入である経常収支とそれに対応する外貨建ての資本の流出入を一表にまとめたものです。経常収支は、財・サービスの取引の貿易収支

表3-1 国際収支表

経常収支	貿易・サービス収支	貿易収支
		サービス収支
	所得収支	
	経常移転	
資本収支	投資収支	
	その他資本	

以外に、出稼ぎ労働者からの送金、社債や株式からの報酬などの要素所得と政府開発援助など対価を伴わない経常移転からなります。資本収支は投資収支とその他資本収支からなり、理論上は経常収支と資本収支をたしあわせるとゼロになります。

　以下では、輸出の増加がどのようにして国民所得と雇用の増加をもたらすかをマクロ経済モデルを利用して説明します。マクロ経済モデルの特徴は以下のようになります。財市場に需要と供給の差の調整は、アダム・スミスが想定したような価格調整ではなく、**図3-1**に表されているように、ケインズの師であるマーシャルが考えた数量調整によって達成されます。具体的には、さまざまな商品の需要量と供給量との差は、主に在庫水準の変動によって調整されます。

　また、金融市場においては、人々が与えられた所得のもとで、貨幣と債券とに金融資産の保有量を選好することによって、金利が決まります。さらに、労働市場において、制度によってあらかじめ決められている名目賃金率Wのもとで、これを一般物価水準Pでわることによって求められる実質賃金率W/Pが、労働の限界生産力$\triangle Y/\triangle L$に等しくなるように決まります。そして、各々の企業の経営者が雇用量を決めると、その結果、経済全体では同時

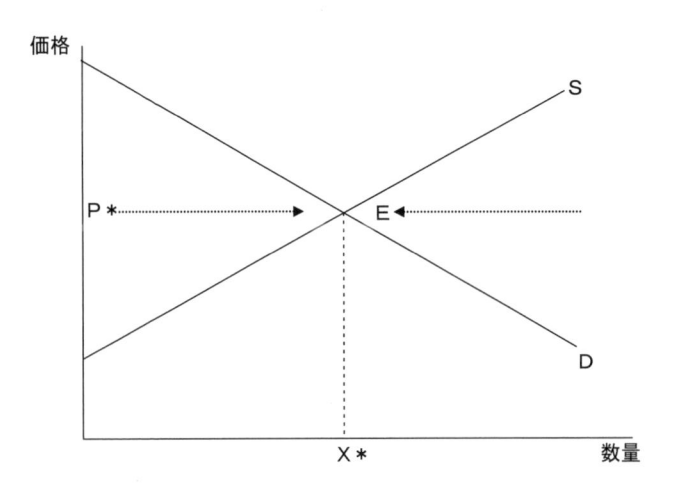

図3-1 マーシャル的数量調整

に、一般物価水準が決ります。この経済体系の中で決まるのは、国民総生産・所得、利子(金利)、一般物価水準と経済全体での雇用量です。ある水準に雇用量が決まると同時に、技術的な生産条件によって、この経済全体の生産・所得が決まる構造になっています。

図3-2にはマクロ経済の雇用量と国民総生産の関係が表されています。説明の便宜のために、この経済では合成財という1財を生産し、この経済で一つの企業があるとします。資本設備Kが一定である短期を考えると、集計的生産関数は$Y=F(L)$となります。この生産条件のもとで企業は、利潤を最大にしようとします。その条件式は、

利益＝総収入－総費用であり、$\pi = PY - WL$

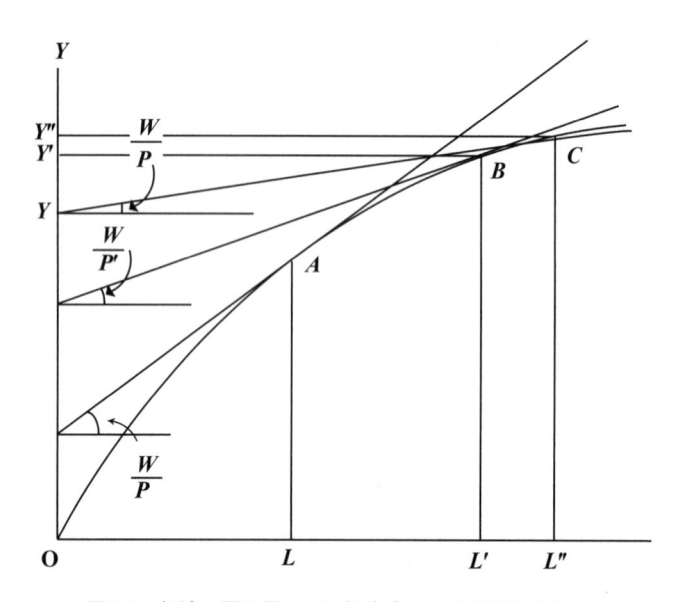

図3-2 経済の雇用量、国民総生産および実質賃金率

と表されます。図3-2において、$Y=W/P \cdot L + \pi/P$の直線は、傾きがW/Pで縦軸の切片がπ/Pであり、物価Pを所与とすると、企業の利益πは、$Y=F(L)$の曲線に直線が接するときに最大になります。その条件は$W/P=\triangle F(L)/\triangle L=\triangle Y/\triangle L$となり、労働の限界生産物が実質賃金率に等しくなるときに企業の利益が最大になることを示しています。ところで、物価がPからP'へと上がると企業の利益はふえ、国全体の雇用はL0からL'にふえます。名目賃金率WがW'に下がると企業の利益はふえ、雇用はL0からL"にふえます。

それでは、財・サービスへの最終需要はどのように決まるのでしょうか。マクロ経済学では、家計の消費を合計した集計された消費関数が大きな役割を果たしており、集計された消費関数は、

所得の増加関数として表されます。消費関数は説明を簡単にするために以下のように表されます。

消費関数：$C = C_0 + cY$

この消費関数では定数項C_0のもとで消費性向cが0＜c＜1ですから、所得がふえるにつれて国民の総消費は緩やかにふえます。投資関数Iは説明をより容易にするために定数I_0とします。

人々は所得が低くてもある水準以上消費する傾向があり、所得がふえるとともに消費もふえますが、その増加量は所得のそれより小さい傾向があります。消費の増加分の所得の増加分に対する割合を限界消費性向cとよび、これは1よりも小さく、例えば0.8とか0.7です。ある国の総民間消費と国民総生産あるいは国民所得を年毎にプロットすると、**図3-3**のような右上りの直線あるいはそれに近いものがえられます。この図3-3に表されている関係は集計された総消費と国民所得（集計された所得）との間にみられますから、これはマクロ的現象です。消費関数の意味するところは、所得がなくとも生きていかなければならないので一定の消費がなされ、給料があがったら、その一部を消費支出に回し、残りを貯蓄するということです。総需要(Y_d)は総消費と総投資の合計ですから、

$Y_d = C + I = C_0 + cY + I_0$

が得られます。Y_dは財、サービス市場において需給を一致さ

せる均衡国民所得です。この式を国民所得の均衡式に代入してYについて整理すると

$Y^* = 1/(1-c)(C_0+I_0) = (1/s)(C_0+I_0)$

となります。ただしsは限界貯蓄性向($s=1-c$)であり、Yは財、サービス市場において需給を一致させる均衡国民所得です。すなわちケインズ派によれば国民所得は、国民所得の変動に左右されない消費と投資の自律的支出(ただし利子率の変動には左右されるかも知れない)であるC_0+I_0に限界貯蓄性向の逆数($1/s$)を掛けたものに等しいのです。この$1/s$は所得乗数とよばれ、貯蓄率の逆数であるから1より大きく、自律的支出が1単位ふえれば国民所得は$1/s$倍ふえます。このように国民所得の決定メカニズムを図に示したの

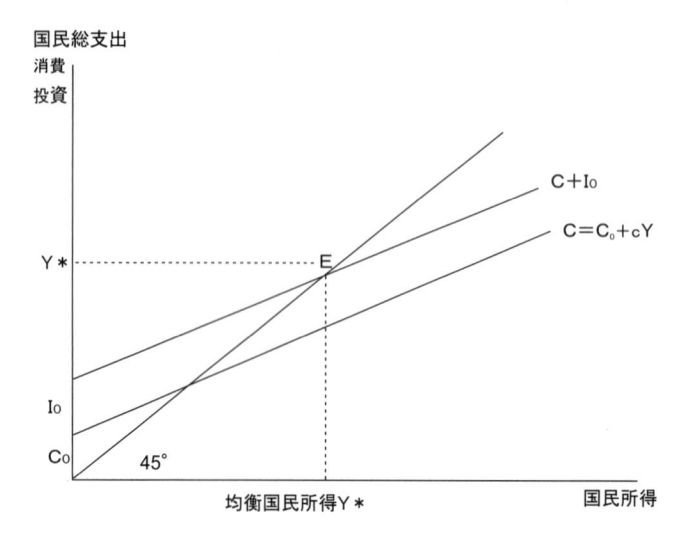

図3-3 消費と均衡国民所得

が**図3-3**です。

　上の図において横軸が国民所得の大きさを表わし、縦軸が総需要とその構成部分である投資や消費の水準を表しています。集計的消費曲線は右上がりで、勾配の大きさは1より小さくなっています。集計的投資曲線はここでは水平な直線です。両者の曲線を垂直に合計すれば総需要曲線がえられます。縦軸は総需要（Co+cY+Io）の大きさを表わし、その傾きは消費曲線と同じです。横軸の国民所得は仮にそれだけの所得があれば人々はどれだけ消費したいと思うかを示すためのものですから、人々のその水準の所得となったもの、すなわちそれにみ合うだけの量の財・サービスが供給されたと考えることができます。横軸のYをこのように財・サービスの総供給と考えるとき、上記の総需要と総供給が等しい線は45度のYd=Yで、結局この線が総需要曲線（C+I）と交るところで総需要と総供給が等しいことが分かります。そのような点はE点であり、それにみ合う均衡国民所得Y*です。

　45度線上では常に総需要Ydは総供給Yに等しいのですから、E点でもYd=Yは成り立っています。すなわち総需要に等しい総生産が行われています。それでは経済はどのようにしてこの均衡国民所得を達成するのでしょうか。このプロセスを示したのが**図3-4**です。既に述べたように財,サービス市場は需給の調整に時間がかかります。いま国民純生産の水準が均衡水準より低いY1であるとします。この国民所得の下では総需要はA点で示された線分Y1Aの大きさです。国民所得Y1はY1Bの大きさに等しいので線分ABだけ超過需要（品不足）が生じます。企業が充分製品在庫をもっているとすると、品不足のABは在庫を取り崩す形で供給され、企業は次の期（4半期で考えれば3か月後）AC（=AB=Y2-Y1）に等しい

生産の拡大を行います。こうして次期の国民所得は$Y2=Y1+AB$となります。このとき総需要は点Dで表わされ、Y2Dの大きさです。国民総生産はY2C(=Y2)でY2DよりDCだけ少ない。すなわち依然として超過需要であって、再び製品在庫がDCだけ取り崩されます。

この過程を繰り返していくうちに品不足は次第に解消して点Eに到達します。以上は本来静学的調整過程を動学的過程のイメージで分かりやすく述べたものです。現実には動学的調整過程では価格(相対価格と絶対価格)が重要な役割を果たします。企業が次期に今期の品不足(超過需要)分だけ生産を拡大するとは限らず、その場合超過需要は解消せず財市場の不均衡が生じます。すなわち価格が急騰するか、商品の割当(Rationing)が生じます。また各企業は品不足分の何分の一しか生産を拡大しないかも知れません。企業が品不足がいつまでつづくかわからないと考え、拡大しようと思っても調整に手間取るとすれば拡大の速さは遅いかもしれません。

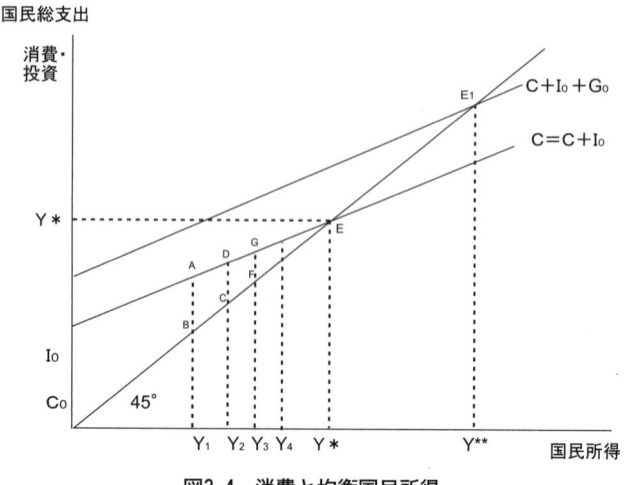

図3-4 消費と均衡国民所得

2　開放マクロモデル

投資とおなじように財政支出も一定でGo、さらに輸出も外性的にXoに与えられているとします。この輸出が外性的に与えられているとする根拠は以下の二つの理由です。第1に、この国が生産し、輸出する商品の価格は世界市場において決定され、この国の供給量はその価格に影響しないからです。第2に、この国は一定の費用で生産された工業製品を輸出しているのですが、需要不足により供給が制約されているからです。したがって外国の所得が明示的に扱われるときには、外国の所得増加が輸出の増大をもたらします。

輸入関数は消費関数と同じように国民所得がふえるとふえるので、Im＝mo+mYとなります。moとmは正の符号です。

財市場の均衡式に代入すると

Y=(Co+cY)+Io+Go+Xo-(mo+mY)

となり、式を整理して変形すると

(1-c+m)Y=Co+ Io+Go+Xo―moから　Y=1/(s+m)(Co-mo + Io+Go+Xo)

となります。ただし、1－c＝s で、sは貯蓄性向です。

図3-5は貯蓄と投資の曲線を表しています。投資曲線は財政出

図3-5　総貯蓄と総投資

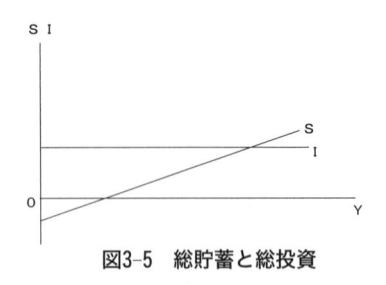

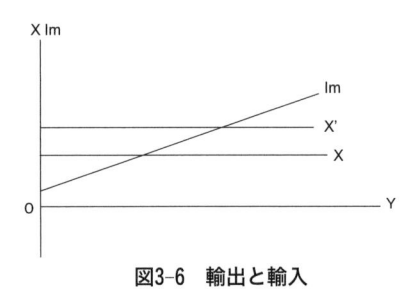

図3-6　輸出と輸入

G_oを含み、$I=I_o+G_o$で定数で、貯蓄曲線$S=(s+m)Y-C_o+mo$は租税Tを含んでいるとします。総貯蓄と総投資が一致するところで、均衡国民所得はきまります。**図3-6**は総輸出曲線と輸入曲線を表しており、その交わる点は経常収支が均衡していることを示しています。

図3-7において、貯蓄と投資の均衡を表すS－I曲線は図3-5より、輸出と輸入を表すX－Im曲線は図3-6より導かれます。この二つ曲線の交点の経済学的な意味は、総国内貯蓄が経常収支に等しいところに、均衡国民所得が決まるということです。外国で景気がよくなって輸出がX_oからX'に拡大するとX－Im曲線はX'－Imにシフトして、均衡国民所得はY_oからY'に必ず増加します。この結果として、国内の雇用は緩やかに増大します。このことから輸

図3-7 均衡国民所得と経常収支

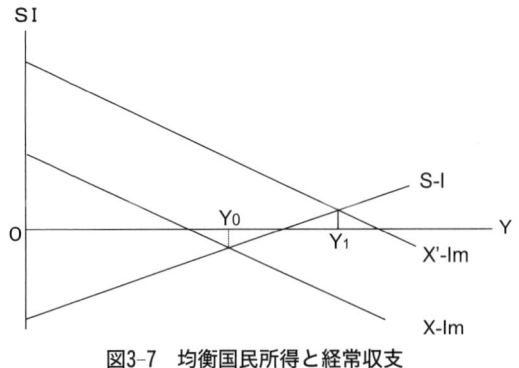

出の増加がどれほどの国民所得の増加をもたらすかという貿易乗数はつぎのように求められます。

$$Y = 1/(s+m)(\triangle X + \triangle I + \triangle G)$$

この式は輸出の増加は自律的な投資や財政支出が増加したのと同じ効果を国民所得と雇用にもたらすことを表わしており、投資、財政支出および輸出の自律的な増加は貯蓄性向sと輸入性向mの和の逆数をかけた分だけ国民所得を増加させるのです。自律的な投資や財政支出の増加が閉鎖経済でもたらす乗数効果と比較すると明らかに貿易乗数は小さいのですが、このことはつぎのように理解されます。財政支出の増加は有効需要の増加から国民所得の増加をもたらしますが、この国民所得の増加は外国からの輸入の増加という国内の有効需要からすると漏れを生じるからです。いいかえるならば、国内で生じた有効需要の一部は輸入という経路を経て外国の有効需要となります。ところで自律的な投資や財政支出は輸出から輸入を引いた経常収支にはどのような影響を与え

るのでしょうか。経常収支をCAとし、X＝Xoすると、

$$CA \equiv X-M \equiv X-mo-mY = m/(s+m)(Co-mo+Io+Go+Xo)$$

となりますので、輸出、投資や財政支出の拡大が経常収支の増分に与える効果は、$\triangle CA \equiv -m/(s+m)(\triangle I+\triangle G+\triangle X)$となります。この式は、国内における自律的な投資や財政支出の増加は国民所得を増加させますが、輸出は一定のままで輸入を増加させるので経常収支は悪化(赤字)させることになることを表わしています。たとえば、世界に日本とアメリカの二国しかないとすると以下のように説明することもできます。

$Y=C+I+G+X-Im$を日本の財の需給均衡式とすると、日本の輸出はアメリカの輸入で、日本の輸入はアメリカの輸出になりますから、アメリカの財の需給均衡式は$Y*=C*+I*+G*+Im-X$となります。したがって、アメリカの日本からの輸入Xが一方的にふえる場合にはアメリカの景気が後退してアメリカ人の雇用がへる可能性を示唆しています。

この節の最後に、図3-8を使って、経済における一般物価水準Pと国民総生産の関係を説明しまいます。総供給曲線は物価が上がると名目賃金率が一定の下では企業の利益が上がるので、供給量は緩やかにふえていきます。他方、総消費、総投資、財政支出と経常収支からなる財・サービスへの有効需要は、物価の上昇とともに緩やかにへっていきます。いま、外国でこの国の財・サービスへの需要が自律的な要因でふえて、総輸出XがX'にあがると国内の物価は緩やかにP0からP1に上がり、国民総生産はY0からY1にふえます。国民総生産が、資本設備の余剰がなく、失業も

物 価

P

S 総供給曲線

E

P₁
P₀

D 総需要曲線
Yd＝C+I+G+X －Im

D 総需要曲線
Yd＝C+I+G+X－Im

国民総生産

Y₀　Y₁　Yf 完全雇用国民総生産

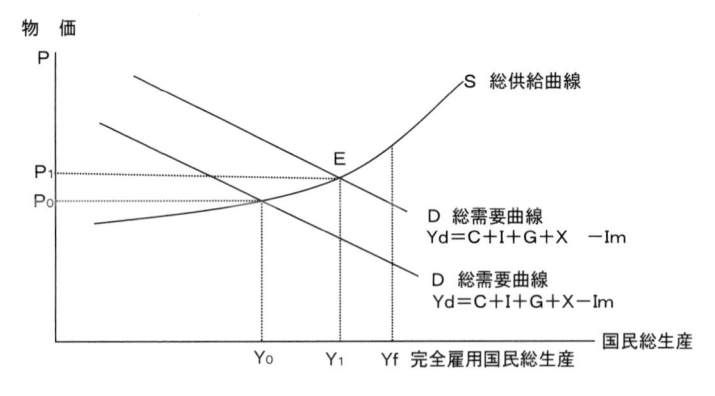

図3-8　一般物価水準と国民総生産

ない完全雇用国民総生産に近づくにつれ物価は大幅に上がっていきます。

---

3 経常収支と為替レート

この節では、経常収支の動向に為替レートの変化がどのような影響を与えるのかを考え、為替レートの切り下げ政策は外国の窮乏化をもたらす可能性があることを指摘します。開放経済においては、自国財と外国財との価格の比率を示す相対価格、つまり、自国財と外国財がどのような比率で交換されるかを示す実質為替レートも決定されます。

輸出総額は物価p1に輸出数Xをかけたものです。ここでp1は自国の通貨単位で計られているということに注意しましょう。閉鎖経済においては、このことにあまり注意する必要はないわけですが、開放経済において経常収支を調べる場合には、必ずそれが自

国の財、あるいは通貨の単位で計られているのか、それとも外国の財、あるいは通貨の単位で計られているのかを区別することが非常に重要です。ここでは、自国の財の単位で計ってあります。実質為替レートは自国の物価水準を外国の物価に為替レートをかけたもので割ったものです。

いま日本の自動車メーカーが一台100万円(p_1)の車をアメリカに1ドル＝100(π)円で輸出するとアメリカでの価格は1万(p_1/π)ドルになります。アメリカの消費者は自国で生産された財の価格p^*_2との相対価格$p_1/\pi p^*_2$でどの車を買うかを決定します。日本の消費者行動も同様です。したがって経常収支の関数はつぎのようにかきかえられます。

$$CA \equiv X(p_1/\pi p^*_2) - \pi \mathrm{Im}(p_1/\pi p^*_2、Y)$$

さらに自国と外国において不完全雇用のために物価が安定しているとすると、価格は定数とみなしそれぞれ1と置き換えることができるので、

$$CA \equiv X(\pi) - \pi \mathrm{Im}(\pi、Y)$$

となります。π が大きくなる円安において、日本からの輸出が増え、輸入は減少して経常収支が改善(黒字)します。逆に、π が小さくなる円高においては輸出は停滞し、輸入がふえ経常収支が悪化(赤字)することがわかります。

輸入需要の為替レート弾力性$\triangle X/X/\triangle \pi/\pi$と輸出需要の為替

経常収支

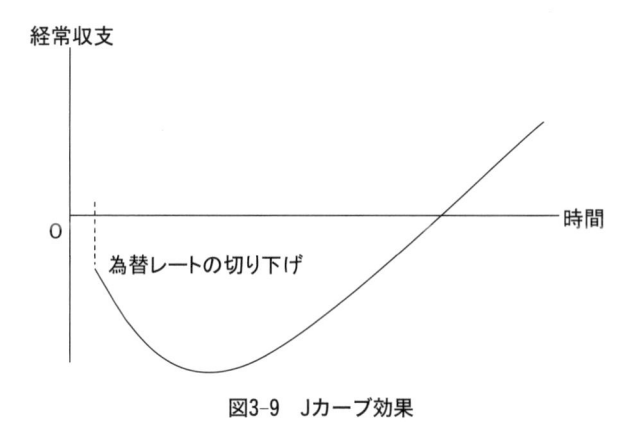

図3-9 Jカーブ効果

レート弾力性△Im/Im/△π/πの和が1以下という、相対価格の変化に対する財の需要量の調整が遅い場合には**図3-9**に表わされているJカーブ効果が生じることが知られています。このJカーブ効果が生じると国際貿易摩擦は長期化することになります。

4 金利と為替レートの連関

つぎに、国際金融市場において各国の利子率、為替レートはどのように連関しているのか、すなわち、ある国の金融・財政政策がどのように外国に波及するのかを考察します。個々の投資家が自国通貨建て金融資産の他に外貨建て資産を保有する場合の資産選択行動を分析するには、利子率裁定と投機とを区別しておくことが必要です。

利子率裁定は為替レートの変化に伴う危険を負うことなく、円建て証券とドル建て証券との収益率の差異から利益を得ようとする行動です。日本の居住者が金利i^*のドル建て証券を保有する場

合、他に何らの行動もとらなければ、ある一定期間後にドルで評価してi^*の収益率が予想されますが、それがその時点でどれだけの円に変換されるかは為替レートの変動のいかんにかかっており、必ずしも確定的ではありません。日本に居住する投資家が為替変動のリスクを完全に回避しようとするには、一定期間後に手にはいるドルを前もって先物市場で売っておけばよいのです。このように、ドル証券を保有すると同時に、先物市場でドルを売却することを先物で(危険を)カバーするといいます。日本の投資家が資金を先物カバー付きでドル建て証券に一定期間だけ投資したとき、もしその期間の直物ドルの価格がπ円(すなわち、邦貨建て直物レートはπ)で邦貨建て先物レートはπ_fであるとすれば、そこから得られる収益率は円で測って、$(1+i^*)\pi_f/\pi -1$となります。

日本の居住者は、円建て証券を購入してiという金利で資金を運用することができます。したがって彼等は$(1+i^*)\pi_f/\pi -1$とiとを比較して前者が高ければ為替リスクを負うことなく、ドル建て証券に投資することによって利益を得ることができます。逆に、iが$(1+i^*)\pi_f/\pi -1$よりも低ければ、日本の居住者は海外でドル建て証券を発行して得た資金を先物カバー付きで円建て証券に投資することによって、やはり利益を得ることができます。したがって、先物カバー付きの投資が完全に自由に行われるというのであれば、均衡においては、それらの投資から利益が生じないという状況が成立しなければなりません。すなわち、内外の金利i、i^*、為替の直物レートπと先物レートπ_fとの間で、次の関係式が常に成立しなければなりません。$(1+i^*)\pi_f/\pi -1=1$、あるいは、$\pi_f/\pi=(1+i)/(1+i^*)$となります。この関係式はカバーされた金利裁定とよばれますが、さらに近似的に$(\pi_f-\pi)/\pi=i-i^*$と表

現されます。左辺の$(\pi_f-\pi)/\pi$という項は一定期間後の先物レートπ_fと直物レートπとの差を直物レートπで除した値で、正であれば先物プレミアム、負であればディスカウントとなります。現実には取引費用や利子所得税があるので上述の式はやや修正されなければなりません。

さらに現在では、一国全体で累積経常収支である対外資産の残高全体を、外国為替の先物市場で対外資産の残高全体をカバーするだけの投機家の先物需要がないために、一般的には以下の式が成立すると考えられています。$i=i^*+(\pi_e-\pi)/\pi$－リスクプレミアム　または金利差$(i-i^*)$＝予想為替レート変化率－リスクプレミアムとなります。この式は外貨建て証券の予想収益率が予想為替レート変動による不確実性のために、国内証券の収益率よりリスクプレミアムの分だけ大きくなることを意味しています。

日本人がドル建ての株式や証券を保有するとしましょう。その時の収益率は証券の場合は米国の市場利子率＋予想為替レート変化率となり、株式の場合は配当/今期の株価＋株価変動率(資本利得)＋予想為替変化率となります。すなわち、米国人の投資家と違って日本人がドル建ての証券、株式を保有する場合には予想為替レート変化率が大きく影響するのです。具体的には、予想為替レート変化率は次期為替レート－から今期為替レートを引いたものを、今期為替レートを割ることによってえられます。

たとえば日本人が3カ月もの米国の財務省証券を買うと、現在1ドルが150円であったとして次期に1ドル155円の円安になると考えれば、予想為替レート変化率は$(155-150)-150=1/30$になります。要するに財務省証券の金利に加えて、為替レートの変動による1/30の収益があります。逆に円高の場合には、予想為替レート変

化率は(145-150)/150=1/30になります。財務省証券の金利が高くても円高の局面においては為替レートの上昇による収益の低下をもたらします。

ところで米国の金利が上昇するとき、将来の為替レートの水準への予想があまり変化しないならば、日本人の投資家は日本の金融資産から米国の金融資産へ乗り換えようとして資本が米国へ移動しドルへの超過需要を生じドル高円安になります。ドル高が持続すると、日本から米国への輸出(米国の輸入)がふえ米国の輸出(日本の輸入)が停滞します。そうなると、米国の国際収支の経常収支は大幅赤字となり、日本の経常収支は大幅黒字となり、外国為替市場においてドルの超過供給となり、円高ドル安へとなります。

すでに説明したように開放経済における財市場の均衡式はY=C+I+G+X-Imです。ところで所得がどのように使われるかにより次式が成立します。Y=C+S+T、ただしSは総貯蓄で、Tは政府の租税収入を表わします。さらに総生産と総所得が等しいことから、以下の式がえられます。St-It=Gt-Tt+CAt、小文字tは年次を表します。この式の意味は、一国全体で事後的には、ある1年間の民間の総貯蓄と総投資の乖離が、中央と地方政府を加えた一般政府の貯蓄に海外貯蓄を加えたものになるということです。このことをもう少し詳しく検討するために、Gt= G't + itDt=△Dt+Ttと△Ft=CAの二つの式を加えます。前式は、一般政府の予算制約式といわれるものであり、t年の総租税Ttと新規の国債発行△Dtが政府の収入であり、これが政府の一般支出G'tと政府債務残高Dtへの利払いitDtにまわされることを意味しています。後式は一国の国際収支の経常収支は、その同額が外国に流出すると同時に、

民間の外貨(ドル)建て金融資産が△Fだけ増加していることを意味しています。例えば、民間貯蓄が投資を超過し、均衡財政($Gt=Tt$)であるならば、国際収支の経常収支は黒字となり、同じ状況で財政赤字による政府支出の拡張は、経常収支の黒字幅を縮小させます。

このことをストックの側面から考えると以下の式が得られます。$\Sigma (St-It)=\Sigma (Gt-Tt)+\Sigma CAt$。この式は以下のことを意味しています。金融資産$\Sigma St=W$から資本ストック$\Sigma It=K$をさしひいたものが、公債残高$\Sigma (Gt-Tt)$に外貨建て総資産すなわち累積経常収支$\Sigma CAt$を加えたものになります。累積経常収支は、資産項目でみると対外純資産と等しく、多くの先進国では資産であるのに対して、発展途上国では負の資産である累積外貨債務となります。

5 マクロ経済政策と国民所得

労働が不完全雇用のもとにあり、会社には遊休設備が存在し、財市場では有効需要に呼応して生産(国民所得)が変動する経済状況において、国債発行(赤字財政)による財政支出の拡大は、国際収支にどのような影響を与えるでしょうか。

国債の発行は、まず金融市場で国債(証券)の超過供給を生じさせ、投資家に、証券から他の金融資産への代替を促します。その結果として、証券価格が下落し金利が上昇します。さらにドル建て証券と円建て証券の代替性が高ければ、金利が上昇する円建て債券へのドル建て証券からの代替が促進され、円がドルにたいして高くなります。円高ドル安は日本において輸入価格を下落させ、外国での日本から輸出された製品価格を上昇させます。一方財市

場においては、財政支出の拡大と共に有効需要が増大し、国民総生産(所得)の上昇と共に、輸入の増大、輸出の低下が起こります。これは前述の国債発行による円高を伴うことにより、いっそうの国際収支の経常赤字となります。ただし民間投資と消費が金利の上昇により削減され、円高により輸出が低迷すると財市場で有効需要は増加せず、国民所得は増加しない可能性もあります。

　もし国債発行によって財政支出が拡大され、国際収支の経常赤字が拡大した場合、為替レートはどうなるでしょうか。経常赤字により、日本の居住者によって保有される外貨建て資産が減少します。それにより日本の機関投資家は、円建て資産からドルなどの外貨建て資産へ乗り換えようとし、金融市場で円建て資産の超過供給が生じ円はドルに対して下がります。

　景気刺激のために通貨当局がマネーサプライを増加させた場合にはどうなるでしょうか。通貨当局は民間が保有する国債を購入することによって、マネーサプライを増加させます。この場合は金融市場において国債(証券)の超過需要が生じ、証券価格が上昇して金利が下落します。国内の民間投資家は国内証券から外国証券に乗り換えようとしますから、外国為替市場でドルの超過需要が生じて円安ドル高となります。この円安ドル高は輸出を伸長させ、利子率低下による投資の増大とともに国民所得を増大させ雇用を増加させます。留意しなければならないことは、この政策を外国の景気が悪いときに採用すると、国内の失業を外国に輸出してしまうという近隣窮乏化政策になるということです。中長期には経常黒字による外貨資産が蓄積されていくと、日本に居住している投資家がドル建て証券から円建て証券への資産の乗換えを行い、円がドルに対して徐々に高くなっていきます。この円高は、

外国で日本から輸出された製品の価格を上昇させる一方、外国製品の日本への輸入価格を引き下げるので、経常黒字が緩やかに減少していくことになります。

第4章　経済発展、資本移動および経済援助

　この章では、ある国の経済発展や経済成長に資本移動や経済援助が与える影響を説明します。すなわち、途上国の経済発展に与える先進国の政府開発援助および、銀行融資、証券投資や直接投資の影響を考察します。経済が発展するかどうかは、基本的には資本蓄積にかかわっており、地球規模での経済統合が進んだ現代では、国際的な直接・間接投資による外国の貯蓄の利用および輸入資本財の利用が途上国の発展に大きくかかわっています。

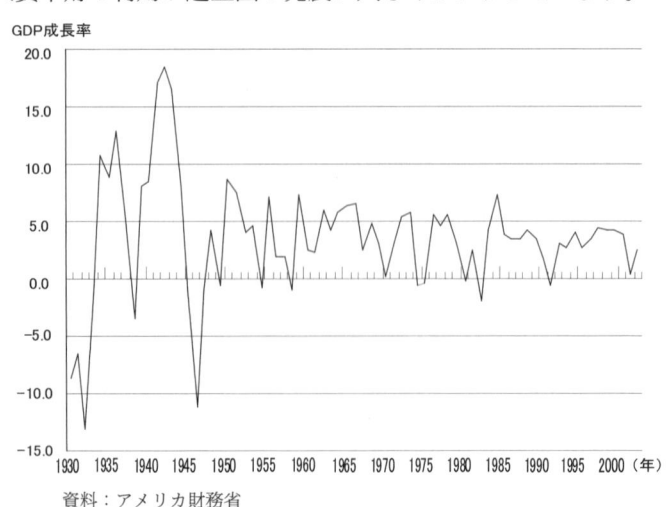

資料：アメリカ財務省

図4-1　アメリカの大恐慌後の経済成長

産業革命以来、アメリカをはじめとして様々な国が持続的な経済成長を遂げてきました。経済成長率がマイナスになった1930年代の大恐慌の時期、第二次世界大戦や一日にして石油価格が5倍になり生じた1970年代中ごろの石油危機の時代を除けば、長い目で見ると先進工業社会は驚くべき強靭さをもって成長してきました。

ある経済が成長するためには土地、労働および資本の生産要素が成長することが必要です。現在我々が生存している地球の利用可能な土地は一定とみなせます。海岸地帯の埋め立て、丘陵の平地の造成、灌漑設備の普及による砂漠や密林の農地への転換などにより利用可能な土地は増加する可能性はありますが、他の労働と資本の増加率に比べれば小さいので以下に説明される経済モデルでは一定と仮定されます。さらに生産要素をより効率的に利用する生産技術の進歩および革新によって、経済は成長を持続させていきます。

1　経済成長と寄与率

寄与率の分析は、国民総支出GNE(Y)を構成する民間消費支出(C)、民間総固定資本形成(I)、政府支出(G)、総輸出(X)および総輸入(M)などのそれぞれの項目が、ある期間の経済成長にどれだけ貢献したかを見るための指標です。その考え方は、一定の期間について国民総支出の成長率を求め、その成長を達成するために、それぞれの構成要素が何パーセントずつ貢献したかを見ようとするものです。国民総支出は国民総生産に等しく、国民総支出の定義により以下の式が成立します。

$Y \equiv C + I + G + X - Im$

また、各支出の増加分をたすと、国民総生産の増加分となり以下の式が成立します。

$\Delta Y \equiv \Delta C + \Delta I + \Delta G + \Delta X - \Delta Im$

国民総生産の成長率$\Delta Y / Y$は以下の式で表されます。

$\Delta Y / Y = C/Y \cdot \Delta C/C + I/Y \cdot \Delta I/I + G/Y \cdot \Delta G/G + X/Y \cdot \Delta X/X - Im/Y \cdot \Delta Im/Im$

すなわち、国民総支出の成長率は、各構成要素の成長率の加重平均になっています。民間総消費の成長が経済成長率に与える寄与度は$C/Y \cdot \Delta C/C / \Delta Y/Y$により$\Delta C/\Delta Y$で、総輸出が経済成長率に与える寄与率は$\Delta X/\Delta Y$です。

2 ハロッド・ドーマーモデル

マクロ経済学の視点から経済援助を考えると、経済成長の問題に関連していることがわかります。現代社会の生産要素は、資本、労働と土地ですが、土地の果たす役割は比較的小さく、前述したように土地が急にふえることもないので無視することにします。労働の増加率も経済的要因からは離れて決まっており一定と見なします。

長い目で経済成長の要因を考えるために、イギリス人ロイ・ハロッドとアメリカ人 E.ドーマーによって生み出された経済モデルを利用することにしましょう。いま資本量Kと国民総生産Yとの間に$Y=1/\alpha \cdot K$関係があるとします。これはある種の生産関数で、資本の量に比例して生産物Yが増加するという関係をあらわしています。$1/\alpha$は実物資本1単位あたりの生産物、資本の生産性であり産出係数とよばれます。その逆数αは生産物1単位の生産に必要な資本の単位を表わし、資本係数とよばれます。両辺の変化分をとると、$\triangle Y=1/\alpha \triangle K$または$\triangle K=\alpha \triangle Y$となります。この式において景気変動によって生産が増減するとき、その生産は需要の変動によって起こされているわけですが、その財への総需要の増加を満たすのに必要な資本ストックの増加分を表しています。ところでこの経済の総貯蓄Sは総所得Yに依存していると考えられるので総貯蓄$S=sY$が成立します。さらにこの経済の成長率$\triangle Y/Y$は

$$Y/Y=1/\alpha \triangle K/S/s$$

となります。ここで総貯蓄と総投資は等しく、資本の増分は総投資に等しいので、

$$g=\triangle Y/Y=s/\alpha$$

が導き出されます。この経済成長率gは保証成長率と呼ばれ、この成長率のもとでは財・サービスの需要と供給が一致しています。この所得の成長率は、技術進歩によって$1/\alpha$の値が大きくな

ればなるほど、また貯蓄率 s が大きくなればなるほど高まることになります。さらに労働の完全雇用を維持しつつ達成される最大の成長率は自然成長率とよばれます。ハロッドとドーマーは非常に単純なモデルを利用してある国の経済成長率は中長期的にはその国民の貯蓄率と技術進歩率が大きく影響していることを明らかにしたのです。

図4-2には資本、労働の産出係数が一定である場合の等産出量曲線が描かれています。いま労働の成長率を n とすると、完全雇用を維持しながら成長して行くためには図4-2の点線で示されている方向に経済は移って行かなければなりません。しかしながらこのような方向に経済が成長して行くことは、非常に難しいことが推測されます。たとえば△Y/Y＞s/αであるとすると、α△Y＞sYとなります。したがって総投資関数と貯蓄関数よりI＞Sとな

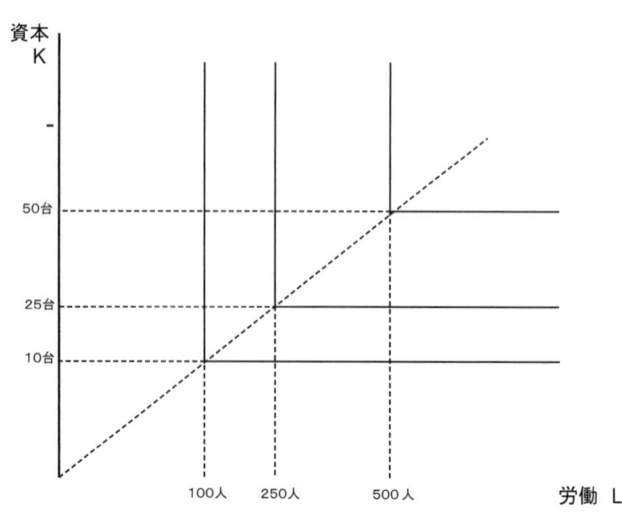

図4-2 資本、労働の算出係数が一定の場合の等算出曲線

り総投資が総貯蓄を上回っていることになります。ただし総投資は資本の増分なのでI=△K=α△Yで、財の供給が需要をしたまわっています。なぜなら財市場の均衡条件はいま政府が存在しないとするとY=C+I、すなわち Y-C≡S=Iとなっているからです。会社は計画しただけの投資{生産設備}を実現することができないにもかかわらず、投資財の注文を増加させるので、経済成長率と保証成長率の差はますます大きくなってしまうのです。このような状況において経済は財市場での超過需要により、一般物価が上昇してインフレーションに突入していく危険性があります。

このハロッド・ドーマーモデルは世界銀行の発展途上国への経済成長戦略の理論的主柱をなしたツーギャップアプローチの基本的な分析枠組みで、トリクルダウンアプローチの経済理論からの支援になっています。

3 ツーギャップモデル

図4-3において最も下側の線は資本の借り入れが行われない場合の国民所得のたどる径路を示しています。ところが、国内貯蓄のみで賄われる投資の限界効率が国際金利を上回れば、国際的に資金を借り入れることが有利となります。その資本の流入によってより高い国民所得を実現することができます。

ハロッド・ドーマーモデルを、途上国の経済に拡張してみましょう。国内の実物資本の量をKd、外国から購入された実物資本の量をKfとし、効率よく生産が行われているとすると、

$Y = 1/\alpha \cdot Kf = 1/\delta \cdot Kd$

所得アブソープション

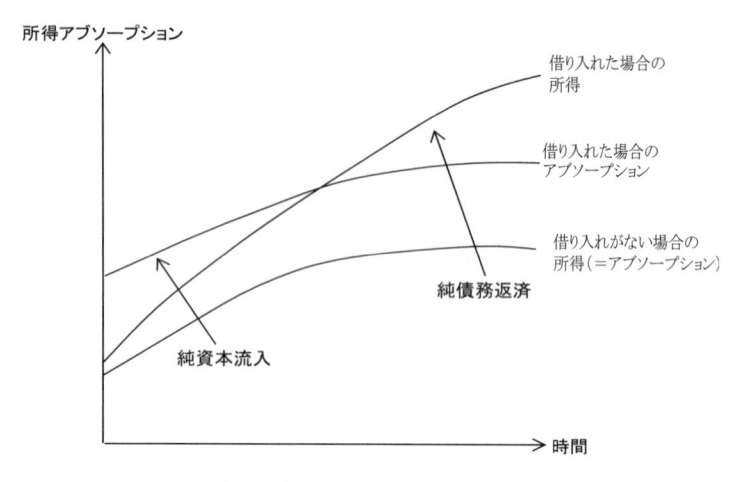

図4-3　経済発展と資本の借り入れ

　となります。これにより　$\alpha \triangle Y = \triangle Kf$　$\delta \triangle Y = \triangle Kd$　です。ところで、この国の経済では、総貯蓄が総投資に等しいので、

$$S = Sf + Sd = I = \triangle Kf + \triangle Kd = \alpha \triangle Y + \beta \triangle Y = (\alpha + \beta) \triangle Y$$

となります。国民所得は総生産物から輸入中間財を引いたもので、国内貯蓄は、それに貯蓄性向sをかけたものですから、$Sd = s(1-m)Y$ となります。閉鎖経済の場合には、$\alpha = m = 0$ で、$S = Sd$ となり、ハロッド・ドーマーモデルとなります。この場合、貯蓄制約式は

$$Y \leq S/(\alpha + \beta) = (Sf + Sd)/(\alpha + \beta) = [s(1-m) + \zeta]Y$$

です。したがって、経済成長率は

$$g = \triangle Y/Y \leq [s(1-m) + \zeta]/(\alpha + \beta)$$

となります。貯蓄性向S/Y＝sや資本流入率Sf/Y＝ζの上昇は潜在成長率の引き上げをもたらし、どちらの資本の技術進歩も経済成長率を引き上げます。国際収支の定義から、輸出Xと資本・援助の流入Sfとの和が中間財と資本財の輸入に等しく、

$$X + Sf = mY + \triangle Kf となり、\gamma Y + \zeta Y = mY + \alpha \triangle Y$$

となります。ただし、$\gamma = X/Y$です。したがって、外貨制約式は

$$g = \triangle Y/Y \leq (\gamma - m + \zeta)/\alpha$$

となります。$\gamma > m$であるならばこの国の輸出はその中間財の輸入を上回るために資本・援助の流入がなくても外貨が余り、輸

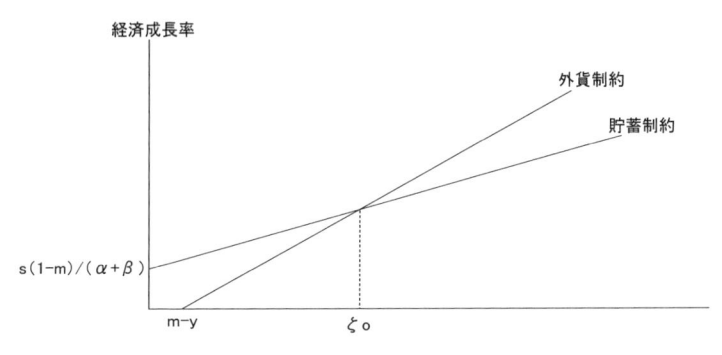

図4-4　外貨および貯蓄制約

入資本財を買うことができます。$\gamma < m$であると、この国の輸出だけでは完全操業状態まで経済を維持することができないので、外国資本の流入ないしは先進国からの経済援助が経済成長のために必要となります。外貨制約の傾きは$1/\alpha$で$1/(\alpha+\beta)$よりおおきくなります。**図4-4**においては、資本流入や経済援助によってζ_0が実現し、外貨制約がのぞかれると最大の経済成長率が達成されます。

第2部　国際システム

第5章　安全保障体制

　以下では21世紀前半の国際政治経済システムの動態を、多国間における国際協力の視点から描きだしてみましょう。国際政治経済システムの構成要素は複数の独立した国家です。第一次世界大戦以前は大英帝国の軍事力を背景にして、パックスブリタニカ時代という平和な時代があり、世界経済では自由貿易が盛んでした。貿易は経済成長のエンジンとよばれますが、イギリスの工業製品の販路は海外でした。19世紀の中頃までにイギリスは国民総生産の2割を外国に輸出しており、それは世界貿易でおよそ4割を占めるようになっていました。したがって、当時の発展途上国であるドイツ、アメリカ、日本、イタリアやロシアは国内経済の発展を促すために輸出振興策を採るとともに、特定の国内産業を保護する産業政策を採りました。日本では明治維新以降、富国強兵政策の下で重化学工業化の政策を促進しました。

　国際政治とは自国の利益や価値を追求する国家の間で繰り広げられる相互作用の総称であり、そこには国家間の利害対立や闘争があります。異なる文化をもつさまざまな国からなる世界において各国が積極的に協力すれば、そうでない場合に比べてはるかに良い状態になる可能性がありますが、実際には世界全体での協調

や協力の枠組みにかわって、欧州、北米や東アジアといった国際地域での枠組みが模索されています。ここには、各国が対処を誤れば、かえって世界全体の秩序と安定を脅かしかねない地域統合の問題が横たわっています。国際関係のある政策領域において各国の思惑が収斂するような明示的または暗黙的な原則、規範規則、意思決定手続きの総体、すなわち国際レジームにおいて、国家間の協調問題(Coordination Problem)が生じます。以下ではKohane (1984)を参考に、国際政治経済における国際協調を「政策協調過程をつうじて、ある参加国政府が他の参加国政府の現在または期待される選考に合致するように自らの行動を調整すること」と定義します。この定義では国際政治経済における協力ゲームに参加する国においては協調すること自体に最終目的があるのではなく、協調は政策目的を達成するための手段となります。

　人々の生命・財産を守る普遍的な規則を創設し、受容、遵守するということが国際協力の基本です。つまり、大小さまざまな国民国家において生活する人々の安全を保障するために、紛争を阻止し戦争を未然に防ぎ、また市場における自由な取引や「ヒト」、「モノ」、「カネ」の国際間の自由な往来を保障する協定があります。さらに発展途上国の貧困撲滅や人間らしい文化的な生活を支援するための協力、多国間援助および地球環境や人々の生命を守るための医療・防疫に関する協定があります。しかし、これらの規則はまだ発展途上にあり、政府間の合意はあるものの完成度は低いので、これらの協定の受入方によっては、ある一部の国に利益が集中してしまい、逆に特定のグループの国々が不利な影響を受けることもありえます。

　パックスブリタニカの時代には「モノ」の国際間の移動だけでな

く、「カネ」と「ヒト」の移動も激しくなりました。「カネ」は先進地域から発展途上地域に資本として流入して行きました。具体的には、長期固定金利の債券の形をとって資本が移動し、鉄道、道路や港湾など社会資本の整備のために利用されました。空前の数の「ヒト」が、はるばる海を越えて、ヨーロッパから南北アメリカ大陸や英連邦諸国に移住していきました。多くの人々が、中国やインドからマレーシアやケニヤなどの人口が少なく天然資源が豊富な国々へ、開発のために労働者として集められました。

19世紀の終わりごろには、世界は金融市場を通してよりいっそう統合されていました。すでに、いくつかの国では金が貨幣制度の中心として機能していたのですが、イギリスの支援によって金本位制が国際通貨制度として機能し始め、1925年には金と交換できる通貨で外貨準備を持つことができる「金為替本位制」がとられました。しかし、1929年にニューヨークのウォール・ストリートにおいて株価が大暴落するにおよんで、大恐慌が始まり、アメリカからの資本の流出がとまってしまいました。こうして、第一次世界大戦で敗れたドイツが賠償金を払うのが難しくなり、先進国間の資金循環の輪がたちきられ、恐慌は先進諸国に波及していきました。1931年の後半にイギリスはついに金本位制から離脱しました。

こうして大恐慌のさなか、先進諸国において前例のない国家の積極的な介入による保護貿易政策がとられるようになりました。すなわち、二国間での貿易の取り決めや為替管理および為替切下げ競争です。自由で多角的な貿易という理想を早々に放棄しなかった国々は、理想を放棄した国々より経済的な犠牲は大きくなってしまいました。この悪しき競争は全世界に経済的損失をも

たらしただけでなく、新たな世界戦争の炎をあおってしまい、第二次世界大戦が勃発しました。

1 国際システムの権力構造

　第二次世界大戦の戦勝国を中心に組織された安全保障のための国際機関が国際連合です。その集団安全保障制度は、世界全体の安全保障を確保するための勢力均衡論の延長として捉えることができます。その枠組みにおいては、複数の国家が相互に同盟関係を結び、違反国に対して共同で制裁を行うと想定しています。国際連合には安全保障理事会があり、安全保障に関する主な責任と権限をもっています。この理事会の決定は15カ国の多数決によってなされますが、常任理事国のアメリカ、ロシア、イギリス、フランスおよび中華人民共和国が拒否権をもっています。他方、総会における評決は、一国一票制によって行われていますが、世界全体に関わる重要な議題における総会の役割はあまり大きくはありません。ちなみに、国際連合の諸機関の運営に使われる毎年の資金のうち、アメリカの分担金はおよそ2割で日本はおよそ1.5割を負担しています。

　国際通貨・金融体制を支える国際通貨基金、IMFにおける意思決定は、クォータ、加重表決制によって行われており、アメリカは全体投票数を100として17.1票を、日本は第2番目の6.14票です。G7を構成するアメリカ、日本、イギリス、ドイツ、フランス、カナダおよびイタリアが合意すると、世界の金融市場に多大な影響を与える政策を行うことが可能になります。国際援助体制を支える国際復興開発銀行・世界銀行の決定もクォータ、加重表決制

表5-1　国際機関の意思決定方法

	表決　方法	最終意思決定機関
国際連合	総会　一国一票	安全保障理事会(米、英、仏、露、中に拒否権)
IMF	加重表決制	代表理事会(クォータ) 米17.1、日6.14、独6.00、仏4.95、英4.95、伊3.26、加2.94
世界銀行	加重表決制	代表理事会(クォータ) 米16.86、日8.08、独4.61、仏4.42、英4.42、伊2.85、加2.85
WTO	合意	紛争処理機関

図式5-1　国際政治経済の権力構造

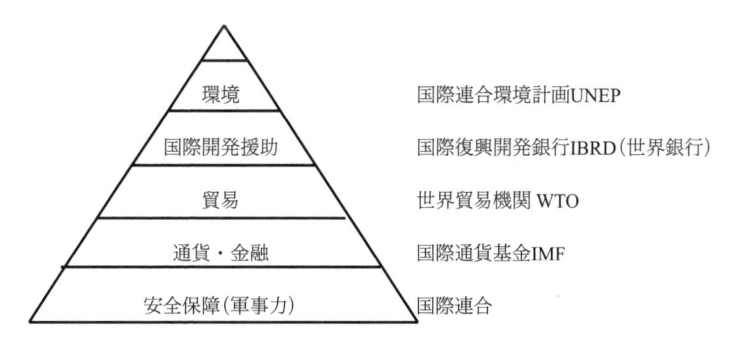

```
           環境              国際連合環境計画UNEP
       国際開発援助          国際復興開発銀行IBRD(世界銀行)
         貿易               世界貿易機関 WTO
       通貨・金融            国際通貨基金IMF
     安全保障(軍事力)         国際連合
```

によって行われており、アメリカは全体投票数を100として16.86票をもち、日本は第2番目の8.08票です。ちなみに、国際通貨基金の事務局の長である理事長は、設立以来ヨーロッパから選出され、世界銀行の総裁はアメリカから選出されています。

　世界貿易機関WTOは国際貿易に関する仕事をしており、その役割は諸協定に関する事項について、加盟国の共通の制度的枠組みを提供することです。具体的には、実施の促進、交渉舞台の提供、

貿易紛争処理機関の運営、貿易政策検討委員会の運営および国際通貨基金や国際復興開発銀行との協力があげられています。総会の決議は基本的には各国の合意によっておこなわれています。

2　国際連合

　国際連合は、1944年のダンバートン・オークス会議で設立が模索され、翌年のサンフランシスコ会議によって創設されました。国際連合は大小さまざまな国民国家において生活する人々の安全を保障するために、多国間協定から成立した集団安全保障のための国際組織であり、その精神において第一次世界大戦後に設立された国際連盟の理念を受け継いでいます。その目的は、国際的な平和および安全を維持するために、平和に対する脅威の防止および除去と侵略行為やその他の平和を破壊する行為を抑制するために、武力を含む有効な集団的な措置をとることにあります。さらに国際紛争の調整または解決を平和的手段によって、かつ正義および国際法の原則に従って実現することを目的としています。国際連合の安全保障理事会は、世界の安全保障に関する主な責任と権限をもっていますが、2003年初めのイラク問題を契機として、この拒否権が集団安全保障においてはたすべき役割が問われています。

　絶対的権力が存在しない状況下では国際社会は基本的には無秩序状態にあり、国家は生存と独立の維持およびそれが確保された状況で、その勢力の拡張を目指しています。勢力の均衡が保たれている世界においては、同盟関係を維持している国の外に共通の脅威となる国があります。明示的な敵や脅威がなくても、潜在的

な脅威があると、脅威の発生を予防し抑止することも安全保障に関わる目的となります。

　国際システムが安定的に維持されるメカニズムとして勢力均衡という考え方が重視されてきましたが、通常同盟は多くの国にとって安全保障の要であり勢力均衡のための手段です。19世紀以降ヨーロッパにおいて国際秩序を維持し、各国間の軍事力を一定に保つことによって勢力を均衡させるという考え方が支配するようになりました。イギリスは貿易を円滑に行うために相手国の独立の維持に腐心するようになり、小国の独立を脅かす国をすべて敵とみなし、自国の強い軍事力を維持することによって勢力を均衡させるという政策を採りました。この勢力均衡論では、近隣諸国との現状維持を目指しており、自国の国益の確保を目的とする個別安全保障でした。平和を志向するはずのこの外交政策は、結局戦争の勃発を防げず、戦後国際連合による集団安全保障が国際秩序の形成のための中心的な枠組みとなりました。現在では同盟の編成による多国の集団防衛のみならず、周辺国の地域紛争の処理や紛争の予防が重要な課題になっています。

　個々の独立国家による同盟関係により成立する勢力均衡にもとづく安全保障体制は、均衡が一度破壊されてしまうと、容易に戦争に突入してしまう危険性を秘めています。したがって、いかなる国家の勢力拡大も許さないという厳しい姿勢をもつ同盟国家が、安全と独立を維持しようとする集団安全保障のみが、戦争や紛争を回避できるのです。

3 国際システムの成立と変容

　今日の国際システムの原型は、神聖ローマ帝国を解体に導いた戦争を終結させるために、ウェストファリア条約が締結された17世紀半ば頃、ヨーロッパに出現した主権国家の国際関係に見出すことができます。19世紀までにはヨーロッパ大陸とアメリカ大陸のほぼ全域とアジアの一部、20世紀には世界のほとんど全体をこのシステムが包含するようになりました。このシステムの特徴は、諸国家がお互いの主権、つまり各々の領土内での排他的支配権を認めることにあります。しがしながら、さまざまな商品やサービスやその生産に必要である資本や労働の国際的な移動によって、相互に依存する国際的な経済環境が出現し、このことがウェストファリア条約によって出現した「国家」の主権を侵害するようになっています。ウェストファリア条約のうえでの国家「主権」の侵害は、地球規模での経済の同一化が進展した現代において、「帰らざる河」です。この「主権」の侵害の進展によって、先進国では国民一人一人の幸せが小さくなったわけではありませんが、発展途上国においては生存権が脅かされるようになっています。

　公共財という、共同で利用され使用者を排除できない財・サービスがあり、その例は国際通貨や貿易制度です。制度の設立と維持管理は二段階のゲームと見なされます。すなわち、第一段階ではゲームの規則が決められ、第二段階でその規則の下での制度の維持管理が実行されるのです。この場合には、国際的な安全保障の枠組みが、どのように維持管理が行われるかということに対して、重要な影響力をもっています。

　国際政治学では諸国家間における権力配分、富の配分状況によ

り国家行動を観察し、目的論に陥らないようにするために、当事者の行為、目的と制度の機能が合致しているかどうかを注意深く吟味してきました。国際社会は、囚人のジレンマ状態にあり、共通利益の存在は必ずしも協力を保証せず、対立によって特徴付けられていることが示唆されています。覇権国家が国益のみを追求する非協力ゲームにおいてシステムは不安定化する可能性が高いのです。ある一つの国家は自国の利益を追求する合理的な意思決定主体とも見なされますが、国家の意思決定が常に合理的なのか定かではありません。特に国家の外交政策は、さまざまな圧力団体やロビイストによる政策決定過程における介入によって、国民の大多数の反対もかかわらず、特定の少数の意見が反映されたものになる可能性があります。

　国際政治学におけるリアリストの立場では、国際関係の基本的行為の主体は国家であり、国家は権力を目的そのものとして、または他の目的を達成する手段として追求します。したがって、国家の対外行為は合理性を基準として客観的に把握できると想定しています。このリアリストの見方も、国益重視の重商主義的視点、すなわち、古典的なホッブズの「万人の万人に対する闘争」から、国際システムを覇権国家が指導者的立場をとる協力ゲームと見なす立場まで、微妙なニュアンスの違いをもっています。この立場からの代表的な見方は、ロバート・ギルピンによってほぼ完成をみた覇権安定論です。覇権国とは圧倒的な軍事力や経済力、特に市場への影響力および先端技術に優位をもつ国です。この覇権国が国際安全保障の枠組みを提供し、国際的な諸制度のルールを創設し、維持管理するのです。国際的な諸制度の提供とは、国際公共財の提供であり、覇権国は経済的負担も積極的に負います。

リベラル派によれば、国際政治経済は相互の協力によってお互いの経済厚生が増大するプラス・サムの状況にあります。したがって、国家は自国の利益を追求する合理性をもって行動すると、その結果として国際協力が成りたち、相互依存という一種のメカニズムによって国家間の国際協力がもたらされることになるのです。国際政治経済を規定する強制力は軍事力だけではなく、経済力や資源・エネルギー、食糧、技術などさまざまな権力を形づくる要素があり、国際交渉の担当者としての国家の役割が相対化されるようになりました。その主な要因は、一つには相互依存の拡大、交渉担当者の多様化と、もう一つには自由貿易進展の結果生じてしまった国家の役割の低下があります。このリベラル派には、『覇権後の国際政治経済学』を執筆したロバート・コヘインや、『相互依存論』『不滅の大国アメリカ』の著作があるジョセフ・ナイがいます。コヘインは国際制度を世界連邦政府のたよりない代用品などではなく、利己的な諸国家の間の分権的な協力を容易にする工夫であるとみなしています。

　世界を先進諸国と発展途上国に階層化して、非協力ゲームとして捉えると、マルクス主義からの理論分析である「世界システム論」に到達します。これは、イマニュエル・ウォーラーステインによって理論としてほぼ完成されました。この理論によると、発展途上国は先進国に永遠に経済的に従属し、収奪されつづけることになってしまいます。その原因は、不等価交換にもとづく国際的な市場取引にあります。この不等価交換は、マルクス経済学で前提されている投下労働価値説から導きだされます。すなわち、途上国において投下された一単位の労働が生み出す生産物と先進国において投下された一単位の労働が生み出す生産物は、等価で交

換されることはありません。なぜなら先進国では今までの資本蓄積により、労働の限界生産物は、資本蓄積が相対的に少ない途上国の労働のそれよりはるかに高いのです。先進国の労働者は、レーニンの言葉をかりるならば、労働者貴族ということになります。この事実は以下のように説明することもできます。ある二人の農民がいて、同じ広さの畑を持っているのですが、一人は最新鋭のトラクターを持っていて、もう一人は鍬しか持っていません。一年間の労働でどれぐらいの所得の差が出るかは容易に理解されます。

「世界システム論」によると、世界全体を支配する一つの政治機構がすでに成立しており、政治的に統合されています。世界経済は資本制生産様式の中で機能しており、世界全体で分業による協業が成立しています。あらゆる物やサービスが商品化され、市場取引によって超過利潤が生みだされ、資本がいっそう蓄積されていきます。不等価交換による、世界規模における商品・サービスの生産・消費のネットワークによって、国際的な労働者の階層分化が進み、先進国の労働者貴族が成立します。労働力も商品化されますが、自由な賃金労働は世界の労働力のほんの一部となってしまいます。分業体制を利用して「中心」をなす少数の先進国は、付加価値の高い製造業や第三次産業に特化して、超過利潤の大部分を得ることになります。多くの発展途上国からなる「周辺」は、鉱山業や農業といった第一次産業や、大量生産の商品の製造に特化します。「中心」と「周辺」の中間に位置する「半周辺」には、アジアや新興工業地域などがあり、「中心」からは工業製品がその他の地域に、「周辺」からは原材料および食糧が「中心」に、国際貿易により流通していきます。「中心」と「周辺」の分業体制により、先進

国は中央集権化し、周辺諸国は「低開発化」され、両者の格差は拡大するだけとなります。

4　国際システムと交渉費用

　従来、国際システムは国民国家を超える国際秩序ではないと理解されてきました。すなわち、国家主権を超えるものではなく、合理的で利己的な国家の行動によって動機づけられた取り組みとして理解されてきました。国際システムは、原則、規範、規則と意思決定方法の要素により定義され、仲介役、事務局の設置や会合場所の提供などによって正当な交渉の取引費用を低下させる一方で、正当性を欠く交渉の費用を高めています。

　制度は一度確立されると、追加的な問題を処理する限界費用も制度が無い場合より低下します。しかしながら、制度は一旦成立してしまうと副次効果を持ち、交渉に必要な問題領域のリンケージを可能にします。制度なき状況では、それぞれの政府は他の何かを得るために、何かを諦めなければならない交渉が多く、交渉が停滞するか、決裂する可能性が高くなってしまいます。制度は、体系的な偏向が存在しているという情報の非対称性を低下させるとともに、情報の信頼性を高めて政府の行動の成果をはかる行動基準を与えます。また、この制度は交渉相手国の自国に対する評価をできるだけ正確に捉えるのを助けます。

第6章　国際通貨制度

　欧州連合の主要通貨ユーロは、**図6-1**に示されているように1999年導入以来、国際的な通貨としての価値があがっており、ドルの国際通貨としての相対的地位は低下しています。国際通貨ユーロを持つ欧州連合や、ブラジル、ロシア、インド、中国などの新興諸国の経済力の台頭によって、国際通貨の番人である国際通貨基金IMFの国際機関としての統治が問われています。世界共治の一つの具体例として、イギリスとアメリカによってIMFは創出されましたが、アメリカの国際的な経済力が弱まりつつある今

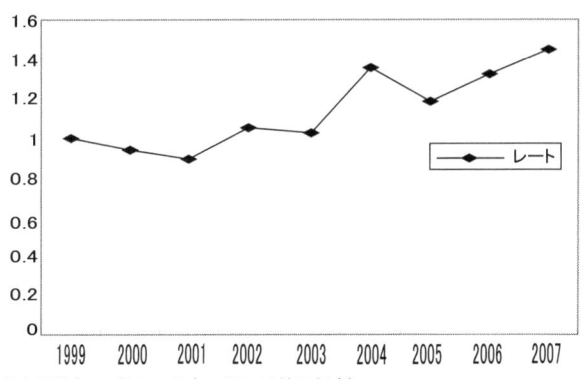

資料　日本銀行（2007年は10月末。それ以外は年末）

図6-1　ユーロ - ドルレート

日、国際通貨・金融問題に対する国際的な共治の機関として設立されたIMFは、組織運営の観点から意思決定に関する説明責任が改めて問われることになっています。

市場における自由な取引や人、物やサービスの国際間の自由な往来を保障する協定から成立したのが、国際連合の独立専門機関、国際通貨基金(IMF、International Moneary Fund)や世界貿易機関(WTO、World Trade Organization)です。市場における自由な取引が地球を覆う度合いは社会主義政権の崩壊や地球規模における経済統合の進展によってさらに大きくなっています。このような自由な市場取引を基礎として、それを円滑に機能させるために、国際機関による規則の策定や実施および維持管理が行われています。

以下ではまず世界共治(グローバルガバナンス)の一つの具体例として、イギリス人のケインズとアメリカ人のホワイトの偉大なる創意による国際通貨基金(IMF)の役割の変遷を概観します。国際通貨基金は国際連合の特別専門機関として国際金融の部門を担当しています。当初は加盟国が出資した基金を元に運営されていましたが、現在では、特別引き出し権(SDR)の増資によって資金は賄われるようになっています。最初のSDRの増資は1970年の1月1日に行われ、1ドルが1SDRでした。増資が決まると、各国へは決められたクォータによって配分されます。SDRの価値は、主要国の通貨ドル、ユーロ、ポンドおよび円のある通貨バスケットで決められています。

1 ブレトンウッズ体制

第二次世界大戦後、戦勝国のアメリカ合衆国は巨大な軍事力と

経済力にもとづく覇権によって、国際通貨発行権を求め、ブレトンウッズ体制を創設しました。この体制における国際金融制度の中心には、金と一定の比率で交換が保証されたアメリカの通貨ドルがおかれ、加盟国の通貨は固定された為替レートによってドルおよび金と交換されることになりました。したがって、この制度は金―ドル本位制と呼ばれるものでした。当時、多くの識者は、この制度のもとで大恐慌前後において採用された金本位制の欠点は免れるものと考えていました。その欠点とは、国内経済の運営が国際収支の動向に大きく左右されるということであり、それは国際通貨の供給が新規の世界全体における金の生産に大きく依存していたからでした。

　この新たな体制は設立当初、1930年代の規制とは逆の、自由で多角的な秩序をつくることを目指しました。為替レートは通常固定化されることになり、商業銀行のほとんどが為替取引への誘因をもつように、かつての金本位制度の下において、決済のために金塊を送る取引費用を参考にして、上下1パーセントの幅をおくことにしました。加盟国全ての為替レートの水準は直接的あるいは間接的に金で表示されることになりました。この為替制度ではレートの水準は、その国が要求し、かつ国際通貨基金が経済的な基礎的不均衡を修正するのが必要であると認めたときには変更が可能であったので、変更可能な釘付けレート制度と呼ばれました。この基礎的不均衡という概念は公式には規定されませんでしたが、それに該当するのはインフレや失業という国内における不均衡あるいは、緩やかな景気循環の中で対外均衡を維持し続けることができないような状況です。

　この制度のもとでは、国際収支における経常収支の赤字によっ

て、一時的に外貨の支払い不能に陥った国は、IMFから外貨を借り入れることができましたが、加盟各国は国内経済の自律性と国際経済の安定を同時に追求することを余儀なくされました。すなわち一国の総輸入と総輸出が大きく乖離して経常収支が一時的に大幅な赤字に陥った場合には、基金からの緊急融資の道が開かれていました。しかし、それには財政支出の抑制や、金融引締めによる民間設備投資の削減というマクロの需要管理政策を行うことが条件となっていました。国際収支の不均衡が実質為替レートの過剰な切り上がりによると認められる場合には、為替レートを切り下げることがIMFから承認されることになっていましたが、当初の20年間において主要国の為替レートはほとんど変更されませんでした。これは国際収支の大幅な不均衡にもかかわらず、政治的および経済的リスクのために為替レートの変更がなかなか実行されなかったからです。

　IMFの加盟国が対外支払において困難に陥ると、基金から一定の条件で融資を受けることができますが、この融資は加盟国が自国通貨を払い込んで必要な外貨を基金から自国通貨で買うという形をとっています。融資できる通貨は、加盟国が拠出している各国の通貨、特にドルやユーロ、円等の主要国通貨です。ある一定額以上の融資を受けたいときには、基金がその国と協議しつつ作成する「経済調整プログラム」を受け入れ、それに従って経済政策を実行することを約束しなければなりません。このプログラムには財政金融政策や物価、賃金等について一定の制約条件がつけられることになりますが、この条件を融資の「コンディショナリティ」といいます。もし融資の受け入れ国が融資の条件に違反すれば、その段階でそれ以上の融資は自動的に停止されます。

通常、この条件は緊縮的な財政金融政策を実施することを要求するので、受け入れ国の国際収支の改善には役立ちますが、経済成長を阻害するという批判があります。コンディショナリティのもつ一つの利点は、その融資額は必ずしも大きくないのですが、他の債権国がこの融資をきっかけとしてその国に再び融資するようになるので、外貨債務の返済が滞ってしまった国は大きな利益を受けることです。同じことが公的資金の借り入れについても当てはまり、主要債権国会議(パリクラブ)も債務国がこの経済調整プログラムを受け入れることを条件に、返済繰り延べ等の支援の手をさしのべています。

1970年代に入る頃になると、ブレトンウッズ体制の長所と見なされていた管理通貨、すなわちアメリカのドルによる国際通貨の供給はこの体制の欠陥とみなされるようになってきました。ベトナム戦争などによる財政支出の拡大によって、アメリカの国際収支は大幅な赤字を示すようになり、多量のドルが海外に流出し、日本および西欧において外貨準備の残高がふえました。その結果、国際通貨としてのドルの価値に対する信認が揺らぎ始めたのです。これはトリフィンのジレンマとして有名です。すなわち、アメリカの経常収支が赤字でドルが世界に供給されなくては、世界貿易の円滑な成長は望めません。かといってアメリカの貿易赤字が巨大すぎて、ドルが世界の金融市場に過剰に供給されてしまうと、ドルへの信認が揺らいでしまうのです。

1960年代の後半に経常収支の慢性的赤字に悩まされていたアメリカは、経常黒字国の西ドイツと日本に大幅な為替レートの切り上げを要求するようになりました。そして、ついに1970年の9月、ドルと金の交換性が停止されるにおよんで、ブレトンウッズ体制

は崩壊しました。ここに金と国際通貨の関係は名目上も終止符をうったのです。

多くのマルクス経済学者は金とドルの交換性にもとづいて、貨幣は金でなければならないというマルクスの指摘が真理であると主張していましたが、金とドルの交換性というのは、覇権国家アメリカがドルを国際通貨として西欧に受け入れさせるための巧妙なレトリックと考えられます。なぜならばこれ以後、金の国際市場での価格はドルの他の主要通貨に対する変動よりもかなり大きく変動したからです。ドルが金の保護下にあったのでなく、金がドルの保護下にあったのです。

2 国際通貨制度、変動か固定か

アメリカにおける産業上の国際的な比較優位は金融産業にあります。価格が乱高下する金融資産への投機は莫大な利益をもたらします。ハイリスク・ハイリターンといわれる所以です。同じリスクをもつ金融資産の利益率の平準化をもたらす裁定取引では、投資家は超過利潤を得ることはできません。しかし、ジョン・ウィリアムソンが「体制のない体制」と呼んだ変動相場制度こそが莫大な利益を生んでいるのです。変動し、自由な短期資本の移動が保証されるかぎり、アメリカに巨万の富をもたらす機会を提供し、それが閉ざされれば、莫大な利益の可能性は非常に低下することになってしまいます。さらにアメリカドルが地位をさげ、国際的なドルへの信認を低下させるということは、1950年代にポンドがドルに取って代わられたイギリスが経験したように、国際金融市場でのドルの価値を下げるとともに、経済の活力の低下をも

たらします。

 1961年にロバート・マンデルは、最適通貨圏の理論を発表し、ある国家の行政圏とその国で流通している通貨圏は同一ではないことを主張し、この時代に導入が叫ばれていた変動相場制度に疑義を唱えました。この主張は、最適通貨圏は国家の境界を超えていることを指摘しています。さらに、この最適通貨圏の理論を冷静に分析してみると、国家を超えた最適行政圏の境界はどのように形成されるべきかという、衝撃的な内容を含んでいます。

 それではまず、変動相場制度に関する議論の展開を見てみましょう。変動相場制を擁護する立場を、小宮隆太郎著『国際経済学研究』の「最適通貨地域の理論」は以下のように要約しています。それは、「ミルトン・フリードマンやジェイムズ・ミード等に始まる伝統的な変動為替レートの理論は、賃金・価格の硬直性のために国内均衡と国際均衡の矛盾が生じる場合には、各国が対外均衡の調整方式として変動為替レート制度を採用することがもっとも望ましい」というものでした。ブレトンウッズ体制が最盛期に入った1960年前後に、フリードマンは政府による市場経済への介入を最小限にすることを主張して、市場の需要と供給に応じて自由に上下に変動する変動相場制を擁護しました。

 これに対して、マンデルは商品の国際的な取引や国際投資に行なわれる際の経済的利益を指摘して、究極の固定相場制度、すなわち共通通貨からなる最適通貨圏を主張しました。貨幣は使われる地域が広ければ広いほど貨幣としての機能、すなわち、交換手段、価値基準および価値保蔵の機能がよりよく発揮されます。このように考えると、最適通貨圏の条件は以下のように考えられます。資本や労働の生産要素の移動性が高く、金融の統合が進みさ

らに対外取引が大きい、つまり経済の開放度が高い場合です。商品の生産、消費および投資などの経済活動によって生じる資本は相対的に過剰な地域から希少な地域に移動していき、国際的には国際収支における経常収支の黒字国から赤字国に資本が移動して行くことになります。さらに、人々が住居を容易に変更できる地域で、外国との貿易取引が国内経済の中で大きな割合をしめている経済地域はこの条件をみたしています。

　変動相場制度はいかなる国に対しても国際通貨の発行権を否定するものであり、究極的には国際通貨そのものが不必要となります。ただし、実際には特定の通貨に対する国際投資、および貿易に関する取引のための国際通貨への需要がなくなるわけではないので、通貨発行権による利益は特定の覇権国に存続します。変動相場制を支持する経済学者は、この制度のもとでは各国が悩まされていた経常収支の大幅な黒字や赤字は為替レートの変動によって短期間に容易に解消され、国際収支の調整のための政策はすべて不必要になると考えていました。対外収支が赤字のときには為替相場の下落が失業に取って代わることができ、黒字のときには為替相場の上昇がインフレに取って代わることができるのです。さらに、外国の景気変動による国内経済への影響を遮断できるという隔離効果があると主張されました。

　またフリードマンをはじめとして、為替レートの完全な伸縮性は為替レート安定化につながると考えていました。その根拠は、経常収支は為替レートの変化に速やかに反応し、為替レートの切り下がりにもかかわらずかえって経常収支が悪化するというJカーブ効果などはあり得ないというものでした。さらに投機は為替レートの安定化に貢献し、過剰調整などは存在しないと考え

ていました。ただし、この制度が円滑に機能するためには、為替相場の変化による相対価格の変化によって輸出産業と輸入産業との間を資本や労働が短期間で、しかも少ない調整費用で移動することが必要です。さらに、変動相場によって生み出されるリスクは、先物市場で安い費用でカバーすることができるという前提が必要でした。この主張を多くの門外漢は素朴に信じていました。しかし歴史の教えるところによると、為替レートの水準の決定は国際貿易のための取引需給に応じて決定されるのではありません。為替レートは、巨額な国際資本取引のために金融市場において決定され、株価と同じように市場参加者の様々な思惑、将来の経済活動に関する予想によって、時において気まぐれに乱高下するものなのです。

　国際間の資本の移動は1970年代以降の国際経済の構造的変化によって加速的に促進されました。この構造的変化とは、国際貿易の拡大、2カ国以上に販売および生産の拠点をもっている多国籍企業の出現による国際間の資金移転への需要、国際通信機器の発達による国際金融サービスにおける費用の低下による国際金融市場の統合でした。金融市場の統合が進み、労働者の移動も比較的容易な欧州連合において、加盟国の通貨価値を固定させる統一通貨ユーロは2001年の導入以来円滑に機能しています。

　すでに、カネが取引される市場と商品およびモノが取引される市場において、需要と供給を調整する速度が大きく乖離するようになっています。大戦後の経済成長によって巨額な資本が蓄積され、さらに、金融市場の深化とともに金融商品の規格化および標準化が進み、金融資産価格は瞬時に変化し、価格の変動によって需要と供給の調整が行われます。商品市場においては、生産のた

めの設備投資から最終購買者までに商品を供給するのに時間がかかり、需要と供給によって価格が上下に伸縮的に大きく変動することはありません。さらに、特定の商品を供給するには巨額な設備投資および研究開発投資が必要となり、巨大企業による寡占的状況が出現しました。すなわち企業は価格の変化によって売り上げの競争をするのではなく、製品差別化によって競争するようになりました。寡占企業のもとで、多くの製品の価格は上昇することはあっても、大きく下落することは少なくなりました。

　将来の経済動向に関する予想によって、株価および金利と同時に、為替レートは瞬時に変化します。市場参加者の予想が不安定で、海外での軍事衝突などによる衝撃がはしる場合には、為替レートは乱高下することになります。この乱高下は貿易業者に為替取引に関する不確実性を高めさせ、海外との取引を疎外します。この乱高下による価格の変化を、価格競争が行われていない商品市場において日々転嫁することは貿易業者や小売業者にとってあまり得策ではありません。したがって為替レートの変化による国際収支の不均衡の解消は困難となります。すなわち、1970年代後半から先進諸国において為替レートの大幅な切り上がりにもかかわらず、貿易収支の巨額な黒字が持続し、または大幅な切り下がりにもかかわらず巨額な赤字が持続するというJカーブ現象がおこりました。さらに、為替レートの乱高下の幅が大きくなるにつれて、変動相場制度の下における国際収支調整への疑念が各国政府の政策担当者に抱かれるようになり、日本、西ドイツおよびアメリカの通貨当局が積極的に外国為替市場に介入して為替レートの乱高下を阻止しようとしました。

第7章　国際貿易制度

　世界貿易機関WTOは各国の利害関係を調整して、国際貿易を拡大させるために設立され、機能しています。農産物は工業製品と比較して生産性向上が緩やかで、天候に左右されやすく、価格変動の幅が大きく、日々人々の食生活に直接関連しているため、健康や安全性から、または安全保障の面から、人々の関心が高い分野です。農業は補助金、輸入制限、高い関税率が残存しており、先進諸国間でも調整がなかなか難しい分野です。さらに、最近、中国を含め多くの発展途上国が世界貿易機関に加盟したために、主要輸出品目が農産物である開発途上国と先進工業諸国との調整も加わり、世界貿易機関での農産物貿易に関して合意に到達することは一層難しくなってきています。

　1948年スイスのジュネーブにおいて国際貿易促進のための関税引き下げ交渉の会議が開催されました。その際、先進各国が保護貿易に陥り、経済のブロック化が第二次世界大戦の引き金となったことへの反省がなされ、関税と貿易に関する一般協定GATTが締結されました。この一般協定の目的は貿易および経済の分野における批准国が、生活水準を高め完全雇用を維持しながら高い実質所得および有効需要を確保することです。そして、それによっ

て世界における資源の有効な利用を促進させ、同時に商品・サービスの生産および交換を拡大することにあります。

　この一般協定には三つの基本的な規定があります。それは、関税率を上げないこと、数量制限を課さないこと、そして、加盟しているすべての国に「最恵国」待遇を与えることです。しかしながら、例外規定があり、それは英連邦の加盟国間の関税特恵と、関税同盟と自由貿易圏を形成することです。この例外規定なしでは、自由貿易地域とか関税同盟という貿易ブロックの形成は違法となります。

　関税率は、戦後には主要先進国ではおよそ3割から5割でしたが、1970年代は4から5パーセント程度にまで激減しました。このような多国間の自由貿易の促進政策によって、世界の貿易額は、この20年の間におよそ7倍にふえました。他方、この世界貿易の拡大によって、特定の商品や財すなわち繊維、履物、鉄鋼、自動車、造船さらに家電製品等で、二国間の貿易摩擦が深刻化していきました。この結果、緊急避難措置、セーフガードをちらつかせての輸入大国から輸出国への「自主」規制の要求や農産物に関する例外規定の残存、発展途上国における幼稚産業保護の容認、数量割り当て、さらに最恵国待遇の規定に反する「自由貿易地域」の容認が、国際貿易交渉において重要な問題となっていきました。そして、1950年代ごろまでには、二国間で関税交渉を通して行われるような容易な関税の引き下げの可能性はなくなってしまいました。このため、個別交渉から、成果が交渉に参加している国に容認されやすいと判断されるような、多くの一括譲許をもった、より複雑な交渉を始める必要にせまられ、多国間貿易交渉・東京ラウンドが開催されました。しかし、先進国諸国間における非関税障壁の

排除はできないままでした。発展途上国は、限られた数の途上国だけに欧州経済共同体の市場への商品の輸出が許されることを拒否しました。それを受けて1971年に、先進諸国が、発展途上・低開発諸国からの輸入に関して、広範囲な品目にわたって無税あるいは低税率、すなわち50パーセントの最恵国関税率を適用する低開発国特恵が導入されました。ちなみに、ジョン・ウィリアムソンは、1970年代中ごろに開発途上国から先進諸国への総輸出のうち、低開発特恵の条項にあてはまるものは、二割に満たなかったことを指摘しています。

1 貿易の拡大と摩擦

国連貿易開発会議(UNCTAD、United Nations Confereance for Trade and Development)が、1964年にアジア・アフリカの新興国の主張に基づいて設立され、途上国開発の手段として国際貿易が経済成長のエンジンとして位置づけられました。この会議は一般協定が先進国中心に運営されているとして、開発途上国の観点からさまざまな提言を行ってきました。特に、多国籍企業などが発展途上国の国際収支や税収などに影響を与えていることを含めて、新国際経済秩序を模索する動きが現れました。ここでは援助とともに途上国の輸出を安定させる目的を持つ国際商品協定が主要議題として協議されました。また、新国際経済秩序を提唱する国際連合貿易会議の主要な問題として、一次産品問題があります。一次産品問題とは、一次産品を輸出している国々において、輸出財価格を輸入財価格で除した交易条件が長期的に不利化していることです。これが正しいとすると、発展途上国は、同じ機械設備を先進国か

ら購入するのに、毎年より多くの一次産品を輸出しなければならなくなります。

途上国が外貨獲得の頼みの綱にしている一次産品価格が、長期的には工業製品と比べて相対的に低下傾向にあることを指摘し、途上国は不利な立場にあると訴えました。UNCTADの特徴は、南北間の対決姿勢を浮き彫りにして、北の先進国から譲歩を引き出す場として利用されたように思えます。

ではここで、農業、鉱業、水産業や林業の生産物である一次産品に関する国際的な経済摩擦を考えます。多くの発展途上国は特定の一次産品に絞って生産を行い、それらを輸出しています。一次産品問題とは、途上国の輸出商品と輸入商品の交換比率が長期的に、途上国に不利化していることと、需要・供給の価格弾力性が低いために、大幅な価格の変動にさらされており不利な貿易条件にあるということを指しています。一次産品など必需品の多くは消費者にとってある程度の消費をしてしまうと、効用が飽和状態に達してしまい、需要量は容易にはふえません。他方、高級電化製品や車などは、消費者全体では容易に効用が飽和状態に達せず、需要量がふえ続けるという特徴があります。

図7-1に示されているように、一次産品市場では、短期において需要、供給ともに曲線の傾きが大きく、非弾力的である傾向があります。農産物の市場においては、価格が上がったからといって、農家が大幅に生産量をふやすことができない一方で、消費者は農産物の価格がさがったからといって、消費量を大幅にふやすこともありません。図7-1において当初の均衡は供給量がq_0で、価格がP_0です。いま生産条件が改善されたことから、農産物の供給がSからS'にシフトすると新しい均衡点では供給量がq_1で、価

図7-1 一次産品問題

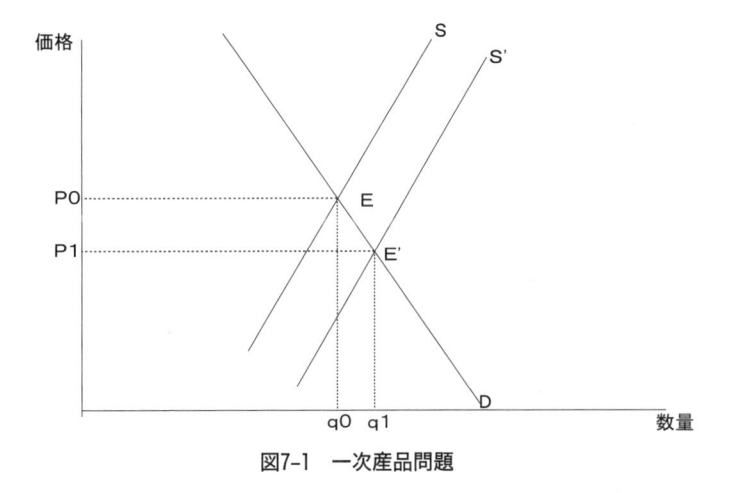

格がP_1となります。生産がふえたにもかかわらず、価格が急激にさがるために農家の総収入は$P_1q_1＜P_0q_0$となります。これは豊作貧乏の一つの例です。この一次産品問題は、先進国では農家の所得保障の問題を、国際貿易では工業製品を生産、輸出する先進国と原材料などの一次産品を生産、輸出する発展途上国との間でしばしば貿易摩擦をひきおこしています。

自国の資源は自国に開発権があり、途上国に不利な多国籍企業の活動には制限を加えるべきという発想は、石油という資源の価格決定権を産油国が握ることに成功した石油輸出国機構(Organization of the Petroleum Exporting Countries、OPEC)に負うところがおおきいのです。その後、石油以外の資源についても輸出国がカルテルを結んで、価格を支配しようとする動き、あるいは、他の一次産品価格を石油価格と連動させようとする試みなどが見られましたが、価格維持が困難になって挫折してしまいました。石油以外の一次産品では代替製品や別の生産方法が開発され、需要

を削減しやすく、石油危機による不況が先進諸国の新規投資を控えさせ、カルテルの維持を困難にしました。

2 世界貿易機関

1986年から開始されたウルグアイ・ラウンドにおける交渉の結果、1995年にスイスのジュネーブに世界貿易機関(WTO)が設立されました。「サービス貿易に関する一般協定」と「知的所有権の貿易関連の側面に関する協定」は、知的所有権の規定やその保護および侵害への効果的な救済措置を提供する義務を加盟国に課しています。従来の協定においては基本的に国内法が優先されていましたが、世界貿易機関の新協定においては国際条約としての側面が強化され国内法を拘束するようになりました。新協定の前文には、締結国の要求や関心に沿って環境を保護し保全すること、さらに、そのための手段を拡充することおよび持続可能な開発の目的に沿って世界の資源を最も有効な形で利用することという条項があります。すなわち、国際貿易と環境、人権および食糧問題などの調和を図ることが重視されています。従来の貿易協定が工業製品分野の関税引き下げ交渉に限定されていたのに対し、新協定では金融取引や国際投資を自由化することや、交渉を推進させるという役割をもっています。

世界貿易機関は国連の専門機関として、主に国際貿易に関する仕事をしており、その役割は諸協定に関する事項について、加盟国の共通の制度的枠組みを提供することです。具体的な任務としては、実施の促進、交渉舞台の提供、貿易紛争処理機関の運営、貿易政策検討委員会の運営および国際通貨基金や国際復興開発銀

行との協力があげられています。組織としては、閣僚会議、理事会、理事会傘下の紛争処理機関がおかれ、さらに補助機関としてサービス理事会、知的財産権理事会や各種委員会が作られています。貿易と環境委員会はこの各種委員会の中に組み込まれています。

　移行した理由として、アメリカの世界経済における相対的な地位が低下し、産業革命以来といわれる情報産業を中心とした技術革新によって先進国の産業構造が急激に変化したことがあげられます。サービス産業が経済全体に占める割合が大きくなるとともに国境をこえたサービス取引が拡大し、外国投資の拡大により企業の国境をこえた活動が盛んになったのです。さらに、複数の国に営業拠点をもつ多国籍企業の企業内取引が国際取引に占める割合が大きくなるなど、貿易と投資の問題が有機的に結びついたこともその一因です。

　このような国際経済環境の変化が国際政治力学に与えた影響は、以下のように考えられます。経済の相対的地位は低下したとはいえ、アメリカは情報産業を中心としたサービス産業とそれを支える技術力においては圧倒的優位を保っています。そのため、コンピュータや映画などのソフトを中心とした知的財産権の保護、サービス貿易の自由化および、欧州連合の市場統合の効果を弱めるための世界規模での市場の創出を、各国は必要としていました。一方、日本や欧州連合からしても、アメリカの一方的な措置の発動を規制する必要がありました。そのため、この機構の設立によって、従来の対象ではなかった、サービスおよび知的所有権をも対象とする規則の拡大と、通商規則の強化が推し進められました。

　世界貿易機関は、国際金融・貿易に関する規則を加盟国が遵守

しているかどうかを監視し、加盟国間で貿易紛争が生じた場合、協定の解釈にもとづく貿易に関する紛争処理機関としての機能を果たしています。さらに、世界的規模で現れている基本的人権とグローバリズムが生み出した新たな問題への対応と、これを国際貿易と資本取引の新秩序に組み込むような多角間交渉をこの機関は準備する必要にせまられています。しかしながら、全会一致の原則により規則が決められるため、国際的には最大公約数的な緩やかな規則しか批准されなくなり、新機関での国際規則は、先進国の国内基準より低い水準で成立する傾向がみられます。このことは発展途上国の環境の保護、労働基準などの人権や農業保護に関連しています。すなわち、人工ホルモンや遺伝子組換食品などの食料安全基準の問題が、先進国や途上国で一人一人が生活していく上で重要になっており、新協定に沿った交渉がもはや前に進まないようになっています。

　セーフガード条項では市場が急激に撹乱されたと認定された場合、輸入国は輸出国との間で二国間協定による数量制限を行うことができます。アメリカは1976年に鉄鋼の輸入において日本および欧州共同体に、1977年から1980年ごろまでカラーテレビの輸入において韓国および台湾に、1981年から90年代まで自動車の輸入において日本に対し、輸出自主規制を要請しました。さらに1981年日米半導体協定が結ばれました。半導体は戦略的技術を必要とし、その進歩は速く、しかもその生産に規模の経済があるために摩擦の品目にされやすいのです。

　新機関では間接・直接の国際投資に関するサービス取引に力点がおかれ、1997年中頃には多国間投資協定の交渉が開始されましたが、翌年末までに交渉は決裂しました。協定の内容に関する交

渉過程での各国の思惑の違いは、国際投資自由化、国際投資の内国民待遇に関っていました。すなわち、投資保護のための最恵国待遇と透明性、国家による外国投資家財産の収容についての補償および投資家対被投資国家の政府との紛争処理手続に関して各国の主張は異なっています。そのため新投資協定の作成が始まりましたが、開発途上国に配慮せざるをえず、投資自由化の達成が危ぶまれるとして、現在では国際経済協力機構を中心に投資協定の策定を急いでいます。

3 多国籍企業と直接投資

二つ以上の国に部分的ないしは完全に所有する子会社を持つ企業が多国籍企業です。1960年代後半から70年代に工場や会社の設立に伴う直接投資が劇的にふえましたが、アメリカ系の企業による水平型投資が中心でした。1980年代半ば多国籍企業の活動は多様化し、ヨーロッパ系や日系企業の直接投資もふえていきました。さらに、通信と輸送の技術革新、規制緩和や生産様式における変化によって、生産から販売までの「垂直型」の直接投資がふえるとともに、多国籍企業のグローバルな外部委託である「アウトソーシング」戦略が目立つようになりました。したがって、一次産品から製造、サービス産業へと投資先の産業が多様化することによって、巨大な会社内での国際貿易、すなわち企業内貿易の割合がふえていき、国際貿易や投資に関する国際ルールの策定に多国籍企業の果たす役割と影響力がましていきました。大半の対外直接投資は、資本集約的かつ技術集約的な部門に向けられており、多国籍企業を中心として、技術が先進工業諸国から途上国へと移

転されています。多くの企業は、複数の国の政治権力、経済活動水準や社会的厚生に直接影響する重要な存在となっています。このような企業は、世界の投資、資本や技術、および市場への参入を管理しているので、国際経済だけでなく国際政治においても主要な役割を演じることになっていきました。

　各国政府は国際貿易での幼稚産業保護政策と同じように、外国企業との競争力をもつまで、対内直接投資を制限しようとしています。規模の経済を会社が享受できるようにするために、大企業の国際競争力を維持すると、寡占を阻止しようとする反トラストあるいは合併に関する政策を採用することが難しくなっています。例えば、一国内で商品の販売シェアが5割を超えていても、国際的には競争が認められることにより、反トラスト法が適用されなくなってきています。雇用および技術移転の促進といった自国経済の利益最大化のため、各国は対外直接投資を管理しようとして、GATTの反ダンピング条項、行動指針およびローカル・コンテント・ルールを利用しています。

　1990年代半ばには各国は直接投資を評価するようになり、特に途上国政府は直接投資が経済発展に不可欠であると考え、投資誘致競争を行うようになりました。これによって多国籍企業は受入国政府との交渉において、税制優遇措置や貿易保護さらにローカル・コンテント等への規制に関して提案するようになっていきました。多国籍企業によって自国から資本が移転されると海外生産指向から自国の産業基盤が弱体化し、重要な技術の流出や輸出の減少が起こり、その結果として、経済の停滞とともに労働組合の交渉の立場が弱体化していきました。しかしながら、一方では海外市場へのアクセスや海外子会社への輸出を創出しています。海

外での生産を指向し、企業間の提携の重要性が高まるにつれて、多国籍企業が自国の政府に租税体系や企業の雇用者の労働条件において様々な提案をするようになっています。

　日本では会社の吸収・合併を制限しており、株式持ち合い、経営倫理や文化規範などをふくむ民間ビジネスの取引構造が存在し、欧州連合や北アメリカ諸国と異なっています。これらの問題により、多国籍企業の移転価格や国家管轄権を超えた課税の規則、さらに国家の自律性や直接投資から得られる便益の配分をめぐる本国と受入国との深刻な対立があるために、国際投資協定が成立する可能性は低くなっています。さらに、国際投資協定における知的財産権保護の強化が、先進国と発展途上国の間でバイオ技術を含む技術格差の拡大を助長するとして、発展途上国の反感を買っています。

　一時、本社を法人税逃れのためにタックスヘブンの国に移転させる超国家(transnational)会社が続出するのではないかと危惧されていましたが、現在までにその証拠はありません。これは、会社が国際的な経営を行うためには、国際的な交渉において母国からの支援が必要であることを示唆しています。

第8章　アジア金融危機

この章では、国際通貨システムが麻痺したアジア通貨危機を検証し、変動為替レート制度の問題を浮き彫りにします。

1　危機の様相

1997年の東アジアの通貨危機に際して、アメリカの姿勢には1994年に発生したメキシコの通貨危機のときとは異なり、危機を沈静化するよりも悪化させる発言が目立ちました。また、アメリカの影響を受けた国際通貨基金も危機の衝撃を和らげるというよりも、この機に乗じて長年続いた開発独裁政権の廃止や、さまざまな規制の撤廃を要求したので、通貨価値を守るためには地域で自衛する他はないと東アジア諸国に実感させました。

1997年にタイから始まってマレーシア、インドネシアおよび韓国に波及したアジア金融危機は、世界経済に深刻な傷跡を残し、それまでの国際金融システムの維持管理体制に大きな疑念が抱かれるようになっていきました。金融恐慌の巨大な波がタイ、マレーシア、インドネシアのような東南アジアの諸国に打撃を与えたとき、国際的な投資家が融資資金を回収し、この地域で投資された

資本を外国へ持ちだし、より危険な投資と見なされた資金は加速的に回収されるようになっていきました。

　1990年代前半には東アジア5カ国への資本の流入量は、日本からの間接投資などによって、毎年大幅にふえていました。この傾向は突然逆転し、96年に93億ドルの流入であったのが、97年に121億ドルの流出になりました。特に、国際収支の資本流入に含まれる、先進諸国の商業銀行からの借り入れは、96年の555億ドルの黒字から、97年の213億ドルの赤字になっています。資本は97年9月まで流入したのですが、それ以降急速に流出してしまいました。先進諸国の商業銀行からの借り入れは、97年1月から9月の間には131億ドルの流入であったものが、97年10月から11月の2カ月の間に88億ドルの流出に転じました。この資本流入の突然の逆転には日本の資産バブル崩壊とその余波が関連しています。1990年から翌年にかけて、日本では株式および土地の資産価格が崩壊したために、日本の主要な銀行は、大規模な不良債権を抱えこむこととなりました。混乱し動揺した日本政府は96年10月に金融制度を自由化するビッグバンアプローチを採用し、この改革は97年の春以前にほとんど完了しました。商業銀行を含む大会社の財務状況を監査するために、金融派生商品を含む監査業務に関して統一の見解が発表されました。この年の後半には、日本の金融システムは保険会社の破産、山一證券を含むいくつかの証券会社の倒産など重大な混乱に直面していました。日本の銀行は、アジアの危機を追う倒産の危機に脅かされたため、短期債の借り換えを拒絶し、アジア諸国から満期になった負債を回収し始めました。

2　バーツへのアタック

「江沢民・中国国家主席は97年念頭の国民向けメッセージで、「香港回収によって、中国は百年の屈辱を晴らす」との思いを吐露した」と浅井信雄は『民族世界地図』に記しています。1997年7月1日に、中国の悲願であったイギリスからの香港返還は実現しました。

通貨危機が7月に起こり、周辺の国々の通貨を巻き添えにしていきました。市場に対する外国人投資家の気分がうつろい、衰えたことによる激しい短期資本の流出によって、タイ、マレーシア、インドネシアおよび韓国は外貨債務の支払い不能に直面することになったのです。タイ・バーツは大量に売られ、中央銀行はバーツの対ドルレートを維持するために、ドル売りバーツ買いをおこないましたが、遂にバーツを変動制度に移行させました。この移行によりバーツは、1ドル25バーツから98年1月には53バーツまでその価値が半減してしまいました。しかしながら、月末におけるバーツ取引の内外の二重相場制度の廃止や、その後の政権の信頼向上とともに、バーツ相場は徐々に切り上がり、2007年初めでは1ドル33バーツ前後で推移しています。

タイでは、危機前にすでに近隣諸国に比べて労賃が上り、中国元の大幅な為替レート切り下げによって、繊維、雑貨など労働集約的産業の国際競争力が落ちて輸出も停滞していました。それにもかかわらずドルにリンクされたバーツが実力以上に高めに切り上がっていました。ウルグアイ・ラウンド以来タイは、国際化、自由化を積極的に進めた結果、大量の外貨が流れ込み、それが過剰な生産設備や不動産投資にも向けられ資産バブルを発生させていました。

資料：タイ中央銀行

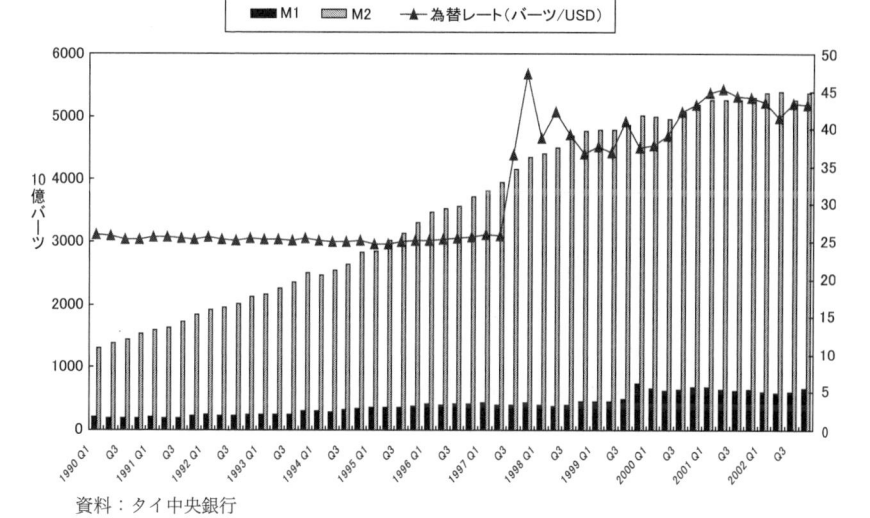

図8-1　タイ通貨バーツと通貨供給量（M1, M2）

すでにタイは1984年に固定相場制度から「通貨バスケット方式」に移行していました。しかし、ドル、円やマルクといった主要通貨の加重平均にバーツのレートが連動するというバスケット方式で、タイの貿易額に占める対米貿易比率は1995年でおよそ15パーセント、対日のそれはおよそ25パーセントにもかかわらず、ドルに85パーセントの比重を置いていました。危機前の数年間円が下がり気味になっていましたが、ドルに連動しているバーツが、適正な価格よりも高く評価されているという危惧が生まれていました。1996年になると、さまざまな業界からバーツの切り下げ要求が日ましに強くなっていきました。タイ政府は、7月早々に管理フロート相場制度へ転換し、公定歩合の引き上げを実施するとともに、積極的に為替市場への介入を行いました。さらに、日本をはじめとする近隣諸国の政府、金融機関に資金枠設定の支援を要

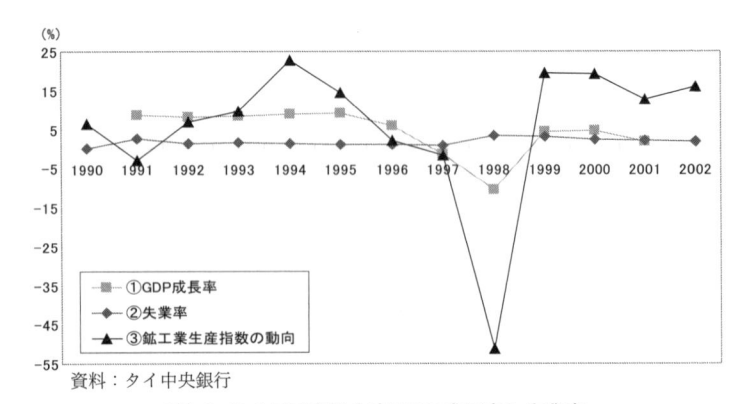

図8-2 タイの国内総生産GDPの成長率と失業率

資料：タイ中央銀行

請し、8月21日には国際通貨基金IMFの公的支援が決定しました。

1997年通貨危機に直面して、タイの金融政策は景気の足を引っ張り、不況による失業の増大をもたらしました。このため、政府は金融機関の不良債権の処理を含む総合的な経済対策を実行しました。金融構造の改革のために公的資金を注入し、民間の債務処理を和議により推進し、さらに財政支援によって社会安全網を構築しました。そして、機械設備や原材料などへの輸入税を引き下げ、97年から実施してきた輸入税に対する1割の課徴金を廃止し、機械設備への特別減価償却を導入し、主要な輸出産業である宝飾業への対策として金の輸出入規制を撤廃しました。さらに世界銀行の協力により大会社向けのエクイテイファンドを、アジア開発銀行や日本の海外経済協力基金（現国際協力銀行）の支援により中小会社向け出資基金を、それぞれ創設しました。後者の基金は、98年からの5年間およそ1億ドルの予算で、生産性と製品開発を促進し、農村部へ産業を移転し、外資の誘致と環境対策を行ないました。

2001年はじめに行われた選挙により、タクシン・シナワット氏が首相に選出されました。選挙中の公約によって、全国の村落の一箇所に100万バーツの産業振興基金、零細な会社の資金需要に応える国民金融公庫の支店を設置、健康保険の創設、および農業組合銀行から借り入れている農民の債務を3年間返済猶予しました。タイ中央銀行は90年代に入ってからインフレ抑制のため公定歩合を高めに維持しており、通貨危機が発生した97年7月には、緊縮政策の一環として公定歩合を年率10パーセント水準近くへ引き上げました。翌年、経済の成長率が大幅なマイナスを記録したことから、99年度には有効需要と雇用の創出をはかって公定歩合を4パーセントへと大きく引き下げました。タイでは中長期の国債の金利は、政府が発表する金利で、これは実勢を反映していなかったのです。政府は財政赤字を賄う目的で中長期国債を発行してきましたが、1988年に財政が黒字に転じて以降新規の国債発行はなく、償還が進んでいました。国債発行残高はこの年の2100億バーツから94年の625億バーツへと大きくへっており、その流通量の少なさから債券市場における影響力は小さいものでした。

このように短期金融市場が未発達であることから、流動性の変化が金利に大きく影響し、金利の変動幅が大きくなっています。91年に外国資本の国外持出が自由化され、外国資本が大量に流入を始めたのを反映して短期金利もさがりましたが、95年にロンドン銀行間金利がおよそ1.5パーセントあがると、短期資金の国外への流出により為替レートが切り下がり、借り入れコストがあがることによって国内の流動性が低下し、短期金利が急にあがりました。1984年に創設された譲渡性定期預金市場は、年末にはおよそ200億バーツだったものが、90年にはおよそ2億バーツにまで急

速に縮小しました。したがって、中央銀行が金融調節のために利用できる公開市場は発達していませんでした。株式取引所は74年に設立され、翌年に取引が開始されました。92年には証券取引法が改正されて上場会社がふえたのに加え、外為管理の一層の規制緩和により海外からの証券投資がふえ、株式の取引は急速に拡大しました。1993年のアジア株ブームも追い風となり、タイにおいても株価が急にあがりました。しかし95年ごろから、それまで積極的に不動産への投資を行なっていた銀行や金融会社の不良債権問題が取り沙汰されるようになると、資産バブルにかげりが見え始めました。金融不安を警戒した海外の投資家が資本の引き揚げを始めると株式売買高はへり、株価指数が急速にさがりました。

　中央銀行が信用を抑制して供給しているにもかかわらず、商業銀行と金融会社は、豊富な資金を背景に貸し付け競争を行なっていました。1990年3月と通貨危機直前の97年の6月を比較すると、商業銀行と金融会社はともに貸し付けを4倍にふやしています。この過剰に供給された資金が、過剰投資と資産バブルをひきおこした主な要因です。この時期の貸し付けが急にふえたことにより、各金融機関は貸付先へのリスク管理に関心を払わず、取引量の拡大を優先させ、のちに不良債権問題を悪化させたのです。政府は、バーツ危機のなか58社の金融会社に業務停止を命じましたが、不動産投資を中心とした不良債権は1兆バーツにおよぶともいわれ、経済全体への影響や関連する金融機関への連鎖倒産が危惧されました。アジア危機後のタイでは、バーツの投機売りを誘発する非居住者バーツ借り入れの規制と、海外との資本取引の監視を強化するという規制が導入されました。こうした規制は、一定の効果をあげています。他方、居住者の海外からの借り入れは自由とな

3 インドネシアにおける銀行取付騒ぎ

　1990年代前半にインドネシアの経済は、平均して7パーセント以上の年率で成長していましたが、通貨危機後の98年には1割5分以上縮小してしまいました。IMFとの2000年の政策合意文書によれば経済政策は以下のとおりです。マクロ経済政策として、通貨供給量の増加率は、インフレーションを10パーセント以下にするために、年率で12.5パーセントを目標変動幅としました。政府の予算に関しては、前年の国内総生産比3パーセントに対し、2001年は4パーセント近い赤字予算となりました。

　インドネシアでは銀行の資産は98年の中ごろの400ルピアから1年後の99年中頃には181兆ルピアに半減しており、さらに同時期に貸出金額は251兆ルピアから100兆ルピアに激減しています。このことから当時の金融危機の深刻さが窺われます。貸出金額が順

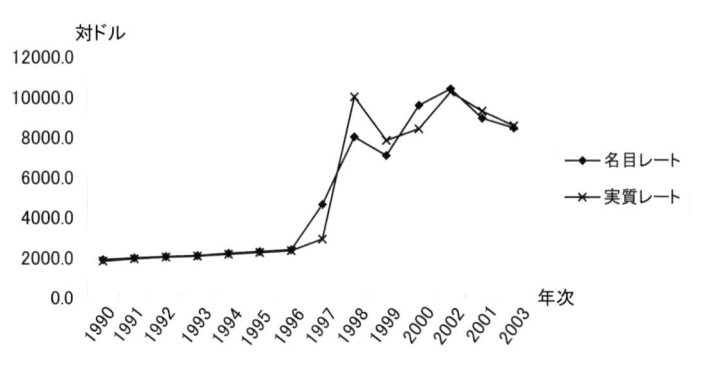

図8-3　ルピア為替レート

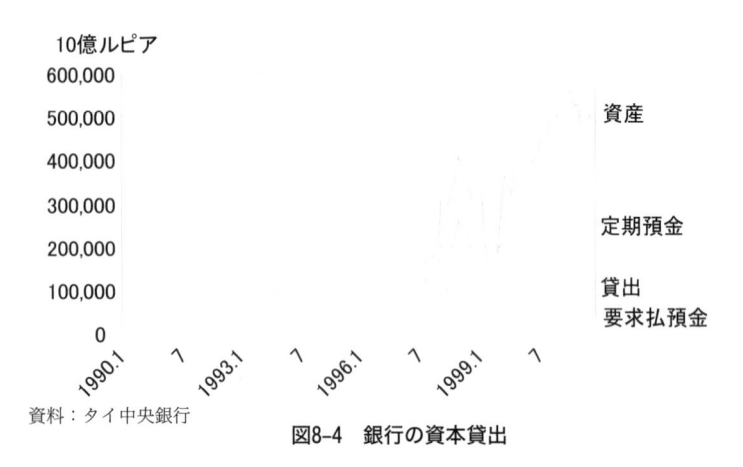

```
10億ルピア
600,000
500,000                                    資産
400,000
300,000                                    定期預金
200,000
100,000                                    貸出
    0                                      要求払預金
   1990.1    1993.1    1996.1    1999.1
```
資料:タイ中央銀行

図8-4　銀行の資本貸出

調に伸びなければ、銀行経営は躓き、経済は安定的には成長できません。インドネシアでは1998年5月にジャカルタを中心に暴動が起こり、中華街において華僑の商店や家屋が暴徒に襲われました。

4　ウォンの急落と金融改革

　1997年末に起こったウォンの危機をもたらした主な要因は、対外負債に占める短期債の比率が非常に高かったことです。その数字は、韓国が同じようにIMFのマクロ経済政策の助言を求めた、82年時点における33パーセントと比較すると、96年末には57パーセントと非常に高いものでした。国民総生産に対する対外債務の比率は、83年には5割、97年は3割で98年には5割でした。この短期の対外債務の高い比率は、金融自由化の過程での政府の誤った政策によるといえます。政府は、金融機関に対し、長期外債を当局に通告するのを義務化することによって短期ローンを借りる動

資料：IMF、IFS

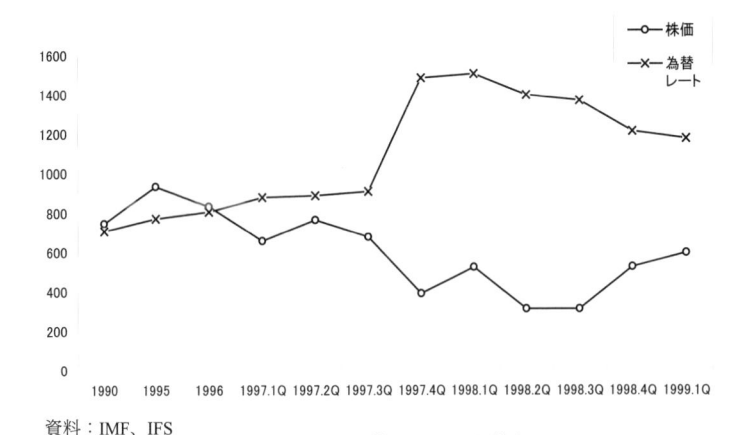

図8-5　韓国ウォンと株価

機を与えました。その一方で、短期ローンは、貿易関連の融資と見なされたために規制が無かったのでした。

　さらに、1998年にIMFが計画の初期段階において勧告した急進的な政策は、財務上の負担が急にふえていた会社に対して致命的な影響を与えました。なぜならコングロマリットである多くのチェボルの負債資産比率が97年末にはすでにおよそ400パーセントになっていたからです。短期金利は97年11月時点で年率12パーセント前後から、翌日物コールレートは、98年1月には32パーセントへと急にあがりました。また1980年代はじめにおけるIMFの助言にもとづくあまりにも急激な金融自由化は、90年代半ばに金融市場の混乱を引き起こすこととなってしまいました。これはノン・バンクの金融機関による、あまり収益を生み出さない会社への投資がふえたためです。これらの金融機関は、自由化後の会社の融資に関して限られた経験やノウハウをもたないまま、量的には急速に拡大していったのでした。韓国は十分な制度上の進展な

しに、間接金融から直接金融指向の経済へと移行するスピードを加速させましたが、金融部門の再編成は、いまだ進行中であり、株式、国債や社債が流通する資本市場は、いまだ成熟した段階にまではいたっていません。

19世紀の後半に日本の商業銀行が支店を釜山に開業し、これが朝鮮半島における近代商業銀行の初めとされています。1909年には朝鮮銀行が設立されましたが、この年までに商業銀行九行が営業しており、そのうち三行が韓国系の銀行でした。1910年には日本が韓国を併合し、多くの商業銀行が設立されました。戦後に独立した後、1950年に韓国銀行が中央銀行として設立され、五大銀行が国営銀行として営業を始めました。この韓国銀行は朝鮮銀行を改組し、五大銀行は日本の商業銀行から譲り受けて、政府が国営化したものです。この後市場の育成をはかりながら、政策金融による重工業化を促進しました。

1970年代以来、韓国政府は経済発展の手段として銀行融資を利用してきました。これは、政府がチェボルを破産させないであろうという予測を高めることになりました。『東アジアの―経済成長と政府の役割』において指摘されているように、韓国の政府は穏やかな金融抑制という政策を採りました。重化学工業のための主な金融支援は、基幹産業に割り当てられた政策的な貸し付けでした。例えば1977年において、銀行組織の国内信用取引における総額の5割程が、重化学部門の直接的な支援に向けられました。重化学部門への利子による補助金は、当時の銀行融資の金利に比べて、3ないし4パーセントの低い金利が適用されたとすると、補助金総額は1977年だけで750億ドル、または、国内総生産の0.4パーセントと推定されています。

チェボルは破産する可能性が非常に低いので、利益とリスクについて慎重に考慮せずに設備投資を拡大し続ける強い誘因をもっていたのです。銀行は、そのような借り手の財務上の健全性を詮索する動機をほとんど持っていませんでした。民営化が促進されるとともに、銀行の信用取引は、チェボルの上位30社に集中するようになりました。95年6月には、その30チェボルへの総貸し付けは、銀行融資全体の24パーセントを占める34兆ウォンに達していました。銀行は、これらのチェボルが不動産を獲得することや、他の会社へ投資することに関知しませんでした。

近年、社債市場は急速に発展しました。この発展と並んで、ノンバンク金融機関が成長しました。その成長は、金融当局の裁量的な金融政策に原因があると考えられます。すなわち、これらの金融機関は、非公式な金融市場の資金を吸収するという政策のために、金利、政策貸し付け、参入および会社の所有権規則に関して銀行に比較してより自由な条件のもとで経営することができました。チェボルの主要な取引銀行は、借り手の会社に関する経営や財務状況の情報を収集して監視し、信用取引状況を評価しようという誘因をほとんど持っていません。つまり、これらの取引銀行は融資している会社の放漫な経営を妨げるような監視役として機能しなかったのです。チェボルの拡大の方針は、それらの会社の財務状況に脆弱性を招きました。銀行からの大まかな審査しかない貸し付けのために、30の主要なチェボルの財務状況は、それらの負債資本比率が97年末には400パーセントを越える程度まで悪化していました。大規模会社におけるこれらの過剰融資は、韓国では間接金融が優位な経済であることを特徴づけています。融資を受けた会社は、収益率が景気循環に影響を受けやすい資産に

多くの金額を投資しました。結果的に、チェボルは、景気変動や外部のショックに影響を受けやすい財務状況になっていました。たとえば86年からの1年間、資産合計における不良債権のシェアは、4割に達しています。85年から3年間に、78の会社が整理されました。93年になって初めて、韓国政府は信用取引全体の4割を超える割合を占める政策融資を削減する計画を発表したのでした。1999年になると大宇自動車が銀行債権団の管理下のおかれることになりました。銀行の不良債権の処理は、融資先である不振会社の選別・再建と表裏一体で進められました。その結果、韓国資産管理公社は健全銀行も含め主要26行から不良債権を買収しました。価格は薄価の4割、総額は40兆ウォン（およそ4兆円）でした。不良債権の薄価は国内総生産の2割にも達していました。この処理の過程で、銀行は12行と二つのグループに集約されることになりました。

第9章　地域統合の動態

　商品や金融サービスなどが国境を越えて自由に取引されるようになると、国家を越えた地域に経済共同体が形成されます。さらに、人々や資本が一層自由に国境を越えて、移動することが可能になると国境を越えた「最適通貨圏」の条件が整い、ユーロのような共通通貨を導入することが可能となります。一旦共通通貨がある地域で導入されれば、貨幣はメディアとして機能して貨幣共同体の形成を促します。貨幣共同体は、共通通貨が流通している地域において集合的アイデンティティの醸成を促し、共通外交・安全保障政策を持つ国家群である運命共同体へと発展する可能性があります。

1　グローバル下の地域統合のうねり

　1980年頃から1997年のアジア金融危機まではアジア勃興の時代であり、この地域の経済的脅威が同一の集合的アイデンティティをもつ欧州連合の結束をはやめたと思われます。国際経済において台頭した両者は、20世紀末には覇権国アメリカの既得権益を侵すようになりました。東南アジア地域において日本とアメリカの

経済的利益は、対立という状況はないとしても一致にはほど遠い状況にあります。

世界経済の統合の動きを眺めると、**図9-1**に示されているように地球規模での経済の同一化の流れがある一方、ヨーロッパでは東アジア経済の急速な成長に刺激された欧州連合が同一の集合的アイデンティティのもと、確固たる求心力をもって統一された政治・経済圏を創設しようとしています。さらに北米地域においては欧州連合に触発されて、覇権国アメリカに指導された北米自由貿易地域が急速に結束を強めようとしています。欧州連合の加盟国数は、2007年1月現在、イギリス、ドイツ、フランスやイタリアを含む27カ国で、人口はおよそ5億人です。北米自由貿易地域の参加国はアメリカ、カナダおよびメキシコであり、人口はおよそ4億2000万人で、そのうちアメリカが2億7000万人を占めています。

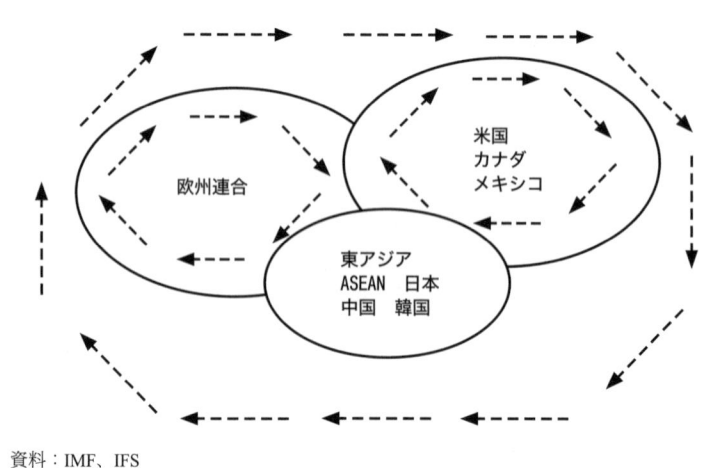

資料：IMF、IFS

図9-1　国際政治経済の位相

1980年代以降、経済の地球規模での同一化が進み、貿易と金融に関してどのように統一された規則を作るかが、国際政治経済の中心的な問題となりました。独立した国家により形づくられた世界から、市場優位の世界へという根本的な変化によって、商品やサービスおよび資本の国際的な移動が激しくなってきたのです。さらに、世界的なコンピュータ・ネットワークの進展によって情報革命がおこり、国際的な情報の伝達、収集、蓄積および分析にかかる費用は急激にさがりました。また、国際間の航空路の開設と航空輸送の拡大にともなう輸送費用の低下によって、従来高い取引費用のために国際的にあまり取り引きされてこなかった商品をも流通させることとなり、市場のはたす役割が急激に大きくなりました。このような国際的な経済環境において、政府の介入を極力排してより自由な政治経済システムを実現しようとする、新保守主義者達が勢力を拡大しました。1980年前後に、このイデオロギーを信奉するイギリスのサッチャー政権やアメリカのレーガン政権が登場し、この流れを加速化しました。1990年代初めソビエト連邦が崩壊し冷戦が終結すると、先進国だけでなく開発途上国においても多くの人々は、経済の地球規模での統合により、世界は国際協調による繁栄を享受できるようになると漠然と考えていました。

　冷戦が終わって、アメリカは1990年代後半から新しい軍事戦略を展開しはじめました。アメリカはソビエト・共産主義という敵を失い、もう一度その世界的な軍事戦略を再編しなおす必要に迫られていました。アメリカ軍の存在はただ軍事的な意味があるだけでなく、経済分野におけるアメリカの優位を保障し、アメリカの思想と商品の流通を保障するようなすべての活動と関連してい

ます。そして、このようにして保障された秩序が、資本制生産様式に基づく地球規模での自由な市場を支え、それに重ねられたアメリカの国益をもたらすように考えられています。

　しかしながら、1997年中ごろにタイから始まってマレーシア、インドネシアおよび韓国に波及したアジア金融危機は、世界経済に深刻な傷跡を残し、それまでの国際金融システムの維持・管理体制に大きな疑念が抱かれるようになりました。さらに、地球規模での経済統合に対する強い反発や懐疑が先進国でも開発途上国でも急速に広まっていきました。地球規模での経済統合が、先進国と開発途上国の所得格差の拡大や、慢性的な高い失業率をもたらしているのではないかという疑念が持ちあがってきているのです。また、金融市場の成熟していない発展途上国が国際金融市場に包摂されることが、これらの国々の安定的成長に貢献しているのかどうか、怪しくなっています。アジア通貨の暴落にはじまる金融危機によって、多くの東南アジア諸国や韓国の会社は、先進諸国に本社を持つ会社に所有されるようになりました。これにたいし、マレーシアのマハティール氏は首相在任中に、「アメリカの金融資本はマレーシアが数十年かけて蓄積した富を一日で破壊した」と述べて、発展途上国が金融市場を自由化することに異議を唱えました。他方、欧州連合内でも「国際的な金融市場の自由化」反対が叫ばれるようになってきており、一時世界を席巻していた市場主義にもかげりが見えてきています。さらに、人々の生存・生活および尊厳を確保するための基本的なシステムを構築することが、現在提唱されています。

2 国境を越える生産・流通ネットワーク

21世紀はじめには、欧州連合の域内貿易はすでに6割を超え、東アジア経済圏の域内貿易は5割を超えています。北米自由貿易協定地域では、5割を超える輸出と、およそ4割の輸入が域内貿易です。

現代では旅行や多国籍会社を中心とする投資やそれにともなう生産・販売によって日々の経済活動の2割以上が国際貿易に関連しています。情報処理機器の発達による世界通信網の確立によって、ニュース、映画やゲームソフトなどの情報や技術知識の伝播はほとんど瞬時に行われるようになりました。さらに、国際航空網の確立によって、世界の主要都市の間なら一日以内に移動可能となりました。

東アジア諸国の近年の発展は、運輸交通、情報通信などの飛躍的な科学・技術の発展、国際貿易協定のもとでの多角的な貿易の進展、産業の発展にともなう外国からの直接投資、産業の国際的な分業や多国籍会社による国際的な会社内分業などによるものです。同時に、東アジアにおける生産・物流ネットワークが形づく

表9-1　EU、NAFTA、東アジア貿易シェア

(2003年、%)

	域内輸入	域内輸出
EU25	64	67
NAFTA	37	56
東アジア	52.2	50.3

出所：EU、NAFTAは、UNCTAD、東アジアはIMF(2004)
ASEAN地域支援研究2006JICAより転載

られました。典型的なものは、日本や東南アジアから中間財・部品が供給され、中国において最終製品に組み立てられ、欧米に輸出されるという新たな三角貿易です。日本、中国、韓国と東南アジア諸国連合・ASEANを結ぶ東アジアの域内貿易の水準は5割を超えており、これは正規の地域貿易協定によって形成された欧州連合やNAFTA（北米自由貿易協定）と同程度の高い水準になっています。いわば、日系会社と華僑のネットワークを利用した民間の経済活動によって自由貿易地域が成立しているのです。

以下では自由貿易地域として、欧州連合、北米自由貿易協定と東南アジア諸国連合の地域統合の動態を紹介します。

3　欧州連合

欧州連合は2007年に、人口はおよそ4億6,000万人、国内総生産は11兆ユーロで、一人当たり国内総生産は約23,000ユーロで、東西統一をなしたドイツを中心に欧州連合の政治的な統一が進められています。

貿易では、2005年で域内貿易が全貿易額の6割以上を占めています。欧州連合は共通市場と一部地域で共通通貨ユーロが流通しており、欧州共同体をこえて共通外交・安全保障政策を志向する国家連合です。欧州連合の基本法のニース条約は各国の投票数や議員の数で27カ国しか想定していません。

当初の加盟国は6カ国でベルギー、フランス、ドイツ、イタリア、ルクセンブルク、オランダでした。1973年に加盟したのはイギリス、デンマーク、アイルランドであり、81年にギリシア、86年にスペインとポルトガルが加盟しました。93年に欧州連合と改

称した後に、95年にオーストリア、スウェーデンとフィンランドが、2004年にポーランド、ハンガリー、チェコ、スロベニア、エストニア、ラトビア、リトアニア、キプロスとマルタが、さらに2007年にブルガリアとルーマニアが加盟して27カ国になりました。

平和的に多くの主権国家を統一するという試みは、大きな政治的実験でしたが、欧州連合はすでに世界経済において強力な存在となりました。東欧から西欧諸国への移民の急増による雇用不安により労働移動の制限が強化されつつあります。イギリスはいまだに参加していませんが、共通通貨ユーロは国際的な通貨としての地位を高めています。欧州連合は、2006年末に首脳会議を開き、拡大のスピードを緩める方針を確認しています。

欧州経済共同体の発足する前に、1948年にはベルギー、オランダおよびルクセンブルクからなるベネルクス三国によって関税同盟が結成されていました。より大きな枠組みでヨーロッパに共通の市場を創設しようとした試みは、第一次世界大戦後にケインズが提案したルール地方の石炭と鉄鋼の国際管理に端を発して、1951年に欧州石炭鉄鋼共同体の創設に合意したときからはじまります。欧州経済共同体は基本的には57年のローマ条約を出発点としており、2007年に50周年を祝っています。1958年に関税引き下げを開始し、70年ごろまでにはほとんどの品目の引き下げが実現しました。当初の加盟国は、ベルギー、オランダ、ルクセンブルク、フランス、西ドイツとイタリアで、ベルギーの首都ブリュッセルに本部がありました。この共同体は自由貿易地域として発足し、関税同盟の設立を目指しました。欧州石炭鉄鋼共同体、経済共同体および原子力共同体も同時に設立され、この三つの共同体が統合され、1967年に欧州共同体となり、68年には関税同盟に発

展し、ほどなく共同体内で労働者の自由な移動が保障されるようになりました。このようにして欧州共同体は、60年代の繁栄を促進させる主要な原動力となりました。

　意思決定方式に関しては、特定過重多数決という案が加盟国の激しい反対のために放棄され、政策は各国の政府において決定されるという原則、すなわち全会一致制度が66年に閣僚理事会で決まり、これが欧州共同体を統治する最高意思決定機関である欧州理事会での中心的な原則となったのです。

　統一に向かって、経済・金融、外交・安全保障、社会政策という三つの分野での共通化が進められていきました。これらの目標に関しては、加盟国間でそれぞれ基本的な相違がありましたが、過半数の国によって受け入れられました。各分野において加盟国における政府の役割は異なっていたので、統合の過程は政治的に容易な問題から段階的により複雑な分野へと展開されていきました。1958年に発効したローマ条約は、工業製品と農産物の共同市場に関する基本的な設計図であり、工業製品に関する関税同盟を10年の移行期間をへて設立することを規定しました。その結果、加盟諸国における従来の平均的な関税率のもとで、工業製品と農産物の共同市場を創設しました。

　農産物においては、毎年共同体が最低支持価格を設定して、その価格で余った生産物の買い手となり、他方、他の地域の生産者がこの支持価格から利益を得ないようにするために、共同体への輸入に際して外国の供給価格と支持価格との差に等しい関税を課しました。農業の圧力団体によって支持価格が共同体の供給の過剰を生み出すほど高く定められたときには、バターの山やワインの湖と表現されるほどの過剰な在庫が積み上がりました。この過

剰な農産物は、最後には価格を度外視して世界市場で投げ売りされました。

他方工業製品における共同市場は偉大な成功をおさめました。ジョン・ウィリアムソン著「欧州経済共同体」『世界経済とマクロ理論』によれば、世界貿易が実質で年に8パーセント成長していたときに、共同体における工業製品の域内貿易はローマ条約に続く10年の間に、そのような共同市場がなかった場合に比較して、およそ5割以上も速く成長したと推計されています。

イギリスは当初欧州経済共同体に加盟しませんでしたが、60年代に二度目の加盟を申請し、ドゴール政権のフランスによって却下されました。そして、ドゴールが没した後に提出された三度目の申請でようやく承認されました。72年イギリス、デンマークそしてアイルランドが加盟したことにより欧州共同体は拡大しました。70年代になると、当初の加盟諸国間での域内貿易の拡大の速度は低下したものの、新加盟諸国を含めた貿易は急速に成長しました。しかしながら、その利益は73年の石油危機に端を発する景気後退をともなう物価上昇というスタグフレーションと、さらに農業補助金に使われた共同体の予算への支払いをめぐる争いにより損なわれてしまいました。そのため欧州共同体は、当初の10年間ほどの活力を発揮することはできなくなりました。にもかかわらず、共同体への加盟を希望する国はふえ、理事会で承認されました。81年にはギリシアが、86年にはスペインとポルトガルが、95年にはオーストリア、スウェーデンとフィンランドが加盟し、総数は15カ国になりました。

1979年の欧州通貨制度(EMS)創設は、共通通貨ユーロへ向けた重要な契機でした。この通貨制度の目的は西欧内の通貨価値を安

定させ、ドルが乱高下することから生じる域内における商品や金融サービスの取引に関わる費用の変動をできるだけ小さくすることでした。86年に「商品やサービスはいうにおよばず生産要素の資本や労働が自由に移動できるような、すべての障壁を取り除いた」統一欧州市場を92年までに達成するという具体的な目標をもつ欧州議定書が署名され、この後、欧州統一へ向けた動きは加速化していきました。

1990年に欧州連合に加盟している国々において、資本の移動が完全に自由化され、92年までに統一され欧州市場が成立しました。93年にマーストリヒト条約が発効し、共通通貨ユーロ導入の道筋が提示され、11月には欧州通貨単位、ECUのバスケットにおけるウエイトが固定化されました。94年に欧州通貨機関が設立されると、経済政策の微調整が強化され、短期金利の変動を安定化させるために、加盟国が過剰な財政赤字の縮減に一層努力することが要請されました。95年には共通通貨移行へのシナリオが公表され、98年には欧州中央銀行が設立されたのです。99年に共通通貨のユーロがベルギー、フランス、ドイツ、イタリア、ルクセンブルク、オランダ、アイルランド、オーストリア、スペイン、ポルトガルとフィンランドの11カ国で導入され、2001年にはギリシアが、2007年1月にはスロベニアが加わり13カ国においてユーロが単一の法定通貨となりました。

1989年末にはベルリンの壁が崩壊し、東西ドイツの統一という政治統合が達成されました。2年後の91年末にはオランダのマーストリヒトの欧州理事会でマーストリヒト条約が承認され、その2年後に欧州連合が誕生しました。このマーストリヒト条約は欧州連合条約といい、統一された欧州を創設しようとするドイツと

フランスの発意によるものでした。この条約は、自国以外にすむ欧州市民に選挙権を認めるなどの市民権の新設、欧州通貨単位の運用および共通市場の条件を整えることを目標としました。単なる為替レート水準の調整にとどまらず、固定相場制度から共通通貨ユーロをめざしたものでした。そのために、共通通貨ユーロの供給を管理する欧州中央銀行を創設し、共通市場の創設を目指したのです。共通市場の創設のために、加盟国は商品やサービス、さらに労働や資本の自由な移動を妨げるさまざまな要因を取り除きました。

　マーストリヒト条約の究極の目的は、共通市場の創設をこえて、共通の外交・安全保障に関する政策をもつ欧州の連邦政治システムの創設です。通商問題など経済分野に関する事項、対外交渉権および決定権に関するものなど市民生活の広範な領域が含まれる共同体事項において、欧州委員会の主要な役割は、共通市場を作り、さらに経済的統一が達成される政策を実施することでした。しかしながら、ユーロと欧州中央銀行についての最終決定は、加盟国政府を代表する理事会に委ねられました。理事会の決定は、複雑な多数決に基づくものですが、この表決制度は問題の重要性によって変化し、ときにはより小さい加盟国の投票に不相応な比重を容認しました。

　1993年に発効したマーストリヒト条約(欧州連合条約)において、欧州連合は従来の政府間協力という枠組みを維持しつつ、共通外交・安全保障政策を導入しました。この政策は共通の価値、独立性の擁護、安全保障の強化、国際安全保障の強化、国際協力の推進、民主主義、人権と基本的自由の発展・強化を目的としています。この共通外交・安全保障政策は、あくまで政府間協力制度で

あり、策定・実施される政策は、「共同行動」、「共通の立場」、「宣言」、「政治対話」のいずれかの形態をとります。欧州域外への軍隊の派遣は、人道支援・救援活動、平和維持活動、危機管理における平和構築を含む戦闘任務を対象としています。マーストリヒト条約もアムステルダム条約も、欧州連合自体が常設軍隊を含む軍事力を備えることは規定していません。軍事的支援を行う場合は、北大西洋条約機構もしくは西欧同盟の軍備や軍隊を利用することとなっています。

したがって、外交・安全保障政策では、主要国間で深刻な利害の対立があり進展はほとんどありません。2003年イラク戦争をめぐって、欧州連合の国々の間でアメリカ支援のイギリスとスペイン、アメリカ非難のフランスとドイツの二極に分裂したのは記憶に新しいところです。さらに、安全保障に関してドイツとフランスは欧州連合軍を創設することで合意していますが、他の加盟国は北大西洋条約機構軍の存在だけで十分であると見なしています。2007年現在、イギリス軍を中心とする北大西洋機構軍は、イスラム教徒の軍事組織であるアルカイダからの支援をうけたタリバンを殲滅するためにアフガニスタンに軍隊を派遣しています。

労働移動に関する政策は、国内政策における移民と社会政策に関係しています。東欧および地中海に接する地方からの西欧への移民は西欧のどの国においても社会問題となっています。社会政策という用語は福祉国家と労働組合へ向けた政策とを含んでおり、この問題では社会民主政党と保守政党との対立は大きいものがあります。イギリスの労働党政権はこの問題に対して態度を留保し、保守党と労働党ともに移民を管理する権利について最終的な見解は表明していません。社会政策は最終的な決定権は各国政府が

握っており、政府間主義に依拠しているのです。2004年の東方拡大により、ポーランドなどの賃金が比較的安い国の労働者がフランス、ドイツやイギリスに移動し、雇用不安を引き起こしています。2005年フランスとオランダにおいて、欧州連合憲法が国民投票で批准を拒否されました。この憲法では、民主的で市民に近い運営を掲げ、意思決定の効率化と国際的な発言力の強化を標榜しています。ニース条約において決められた憲法発効の条件は、閣僚理事会で、29票をもつフランス、ドイツ、イギリスとイタリア、最小の3票をもつマルタなど総投票数の55パーセント以上の賛成に加え、賛成国の総人口が欧州連合の65パーセントを超えることです。

　2007年1月現在でユーロ圏を形成しているのは、ベルギー、フランス、ドイツ、イタリア、ルクセンブルク、オランダ、アイルランド、スペイン、ポルトガル、オーストリア、フィンランド、ギリシアとスロベニアの13カ国です。エストニア、ラトビア、リトアニア、キプロスとマルタがユーロ導入を予定しており、ポーランド、ハンガリー、チェコ、ブルガリアとルーマニアはユーロ導入の義務がありますがイギリス、デンマークとスウェーデンにはその義務はありません。イギリスはいまだに共通通貨ユーロを導入していません。イギリスは金融政策の放棄は重要な主権の侵害であると考えており、欧州連合が、ウィンストン・チャーチルが大戦後まもなく提唱した欧州合衆国になるのを恐れているかのようです。

　2001年にベルギーのラーケンに集まった欧州加盟15カ国(当時)の首脳は、既存の欧州連合の諸条約を改正する文書を起草するために協議会を設けることを決定しました。この「欧州の将来に

関する協議会」は、フランスのヴァレリー・ジスカールデスタン元大統領を議長とし、最初の会合を2002年2月下旬に開きました。同協議会は、加盟国と加盟予定・候補国の政府や議会、欧州議会および欧州委員会のおよそ百人の代表で構成され、地域委員会、経済社会評議会、欧州の社会的パートナー、欧州オンブズマンを代表する13人のオブザーバーも議事進行に協力しました。2003年6月から7月にかけて16カ月に及ぶ集中的な審議を経て、協議会は「欧州のための憲法を制定する条約」の草案に合意し、これを承認しました。草案はその後、現加盟国および将来の加盟国の代表からなる政府間会議(IGC)に提出され、2004年6月には欧州連合首脳会議にて合意が実現し、加盟25カ国の首脳は10月下旬ローマにて欧州憲法制定条約に調印しました。

4 NAFTA 北米自由貿易地域

　北米自由貿易協定協定調印国はアメリカ合衆国、カナダ連邦およびメキシコ合衆国です。2005年時点で、三国合計の人口はおよそ4億2,000万人、国内総生産は、13兆ドルで一人当たりの所得はおよそ3万ドルの経済圏です。

　アメリカ合衆国は人口2億8,000万人で、国内総生産に占める軍事費の割合は4パーセントです。国民は、人種としてはコーカソイド・白人、民族としてはアングロ・サクソン系の人々が多数を占め、宗教ではキリスト教のプロテスタントが6割、カトリックが2割です。カナダ連邦の政体は立憲君主制度で、イギリス連邦に属していたカナダが憲法を制定したのは1982年です。国会は二院制度で、政党は保守党と自由党があります。公用語は英語とフ

ランス語です。総人口の3,300万人のうちイギリス系が4割、フランス系が3割ですが、ケベック州では9割近くになります。国民の4割がカトリックで3割がプロテスタントです。モントリオールの大都市圏にはおよそ3,100万人の人々が暮らし、フランス語を話す最大の都市圏です。メキシコ合衆国は人口約1億300万人、大多数がカトリック教徒で、国民の6割が先住民とスペイン人との混血であるメソティーソで、先住民が2.5割ほどいます。その他の人々はスペイン人などのヨーロッパ系の人々です。国土は北にアメリカ、南にグアテマラとベリーズと国境を接しています。メキシコは、スペインから1810年に独立し、公用語はスペイン語です。

　1994年にアメリカ、カナダおよびメキシコからなる北米自由貿易地域、NAFTAができ、アメリカの対外政策は多国間主義から地域主義重視に移行しました。少なくとも当初、アメリカは欧州連合に対する交渉力を強めるためにこの協定に調印しました。この協定はまた、カナダとメキシコ両国にとってもアメリカに対する経済政策の転機となりました。この協定の誕生の背景には、これら3カ国を取り巻く国際経済環境の変化があり、それとともに、外交政策が変化せざるを得なくなったからです。工業製品に関する貿易障壁の大半を10年間で撤廃することになり、これらの製品には自動車、自動車部品や繊維が含まれています。大半の農産物に関する障壁は15年以上かけて撤廃されることになりました。直接投資を行う会社には内国民待遇が保証され、さまざまな活動条件は撤廃されることになりました。協定はまた金融、電気通信などのサービス市場を自由化する規定も含み、紛争処理手続きと知的所有権の保護が設けられています。特徴としては、対外共通関税をもたず、労働移動の自由化と経済政策の協調を伴っておらず、

重要産業分野について厳しい原産地基準があります。

　第二次世界大戦後、アメリカとカナダ二国間の経済的な関係は比較的自由な市場取引を通じてより緊密になっていました。カナダにとって商品やサービスの貿易に加えて、アメリカからの直接投資が重要になっており、したがって、1988年に成立した米加自由貿易協定はカナダが歴史的にとってきた対米経済政策の変更を意味しました。カナダはそれまで、高い関税によって障壁をつくり、国民経済を保護してきたのですが、この関税にもかかわらず、多くのアメリカ系会社はカナダに直接投資を行い、子会社や工場を設立しました。カナダにおける直接投資の大半がアメリカからのもので、米加自動車協定の設立は自動車産業におけるアメリカとカナダの生産ネットワークをより緊密なものにしました。

　その協定の主な目的は、サービス産業、情報産業、多国籍会社の自由貿易を促進し、欧州に対して圧力をかけること、そしてウルグアイ・ラウンド交渉を有利に導くことでした。したがって、米加自由貿易協定の成立は、アメリカがその交渉以外の選択肢をもつことを、第三国に対して宣言したようなものでした。すでに主要先進国の仲間になっていたカナダは、北米自由貿易協定の成立を促進させ、アメリカにおける保護主義の動きを封じ込める戦略をとり、アメリカ市場へのより容易な形での浸透を確保しようとしました。他方、アメリカとメキシコの経済は、貿易や投資を通じて密接に結びついていました。さらに、アメリカで教育を受けた経済学者や専門技術者に主導されて、1980年代、メキシコは次々と社会改革プログラムを実施しました。市場指向の改革は、ラテン・アメリカ諸国における類似の改革と同様に対外債務の急増と輸入代替産業戦略の失敗からの立ち直りを目指しました。そ

れまでの規制緩和による自由貿易や国際投資を促進させるという政府の取り組みを後戻りさせないように、この協定へのメキシコの参加は不可欠でした。アメリカの交渉への参加は、非合法なメキシコ移民の問題をはじめとする政治的な要因に強く影響されていました。不法移民か、労働集約型の工場から生産される多量の製品のどちらかを、アメリカは受け入れなくてはなりませんでした。さらに、「原産地規則」において、繊維および自動車産業は政治的な闘争に巻き込まれました。

　協定は関税同盟ではなく、共通の対外関税を設置しなかったので、そのかわりに北米市場への非加盟諸国からの製品の流入を管理する規則をつくりました。アメリカの自動車産業はメキシコに市場の開放を要求する一方で、日本や韓国製品の受け入れ先になることは望みませんでした。しかし、メキシコは自国の自動車部品産業を保護すると同時に、日本などの多国籍会社による対外投資も促進したかったので、日本と自由貿易協定を結びました。そして、カナダは、過度に制限的な原産地規則は自分たちの損失となると主張しました。協定作成のさなか、アメリカ国内では民主制度の確立していない、低賃金で開発途上と見なされている国との統合を懸念する労働組合や環境団体が激しく抵抗しました。アメリカは南米南部共同市場を含む米州地域の35カ国が参加予定の米州自由貿易地域(域内人口8億人国内総生産の総額は世界全体のおよそ4割を占める103兆ドル)を創設することを目標としていますが、アメリカの農業への補助金と輸入鉄鋼製品へのダンピングに関してブラジルなどの抵抗にあっています。

5　ASEAN 東南アジア諸国連合

　東南アジア諸国連合の域内人口は、2004年現在およそ5億4,000万人で、加盟国は10カ国です。事務局はインドネシアの首都ジャカルタにあります。1967年インドネシア、マレーシア、フィリピン、シンガポールおよびタイが、経済、社会、文化および技術分野における地域的協力を促進するため、ASEANを設立することに合意しました。これらの諸国は先進(シニア)ASEAN諸国と呼ばれ、一人当たりの国内総生産は最低のインドネシアとフィリピンがおよそ1,000ドル弱で、タイが2,200ドル、マレーシアが4,100ドル、ブルネイが13,000ドル、最高のシンガポールが22,000ドルです。ASEANには1984年にブルネイが、1995年にベトナムが、1997年にラオスとミャンマーが、そして1999年にはカンボジアが加盟しました。これらの諸国は、後発(ジュニア)ASEANと呼ばれ、一人当たりの国内総生産は、最低のミャンマーが200ドルで、最高のベトナムでも500ドル弱です。

　「多様性の中の統一」はインドネシアでよく見かける国家標語ですが、これはASEANにもそのまま当てはまります。数10万の人々が住むブルネイ、300万のシンガポールのような小国家から、東西の幅がアメリカ大陸と同じ程のインドネシアやフィリピンのような島嶼国家まで、民族、宗教、人口や領土の大きさなど比較できないほどの多様性があります。そして植民地化を免れたタイ以外は、ヨーロッパ諸国やアメリカの植民地であった時期がありました。その後の独立の過程は、独立戦争をへて独立を勝ち取ったインドネシアやベトナム、旧宗主国から平和裏に独立したフィリピンやマレーシア、ベトナム戦争の大きな影響を受けたインドシ

ナ三国などさまざまです。また、伝統の上に旧宗主国の影響があり、司法、行政および立法の統治制度と法体系などにも大きな影響がおよんでいます。

　首脳会議は、ASEANの最高の意思決定機関です。1976年にはじめて開催され、当初は不定期の開催でしたが、2001年以降は毎年開催されています。ASEAN外相会議はバンコク宣言により設立された唯一の閣僚会議で、各閣僚級会議の首位会議と位置付けられます。議長国の外務大臣が常任委員会議長となり、憲章を含め政策ガイドラインの作成や諸活動の調整を行っています。経済閣僚会議は1975年に第一回会合を開催、1977年から制度化され、経済協力に関する調整を行い、自由貿易や投資地域評議会、紛争処理機構を担当しています。その他にも財務大臣会合や国防大臣会合など20の機能別閣僚級会合が設置されています。常任委員会は年次持ち回りで、閣僚会議の議長国の外相が議長を務め、事務総長、各国国内事務局などによって構成され、次に開催されるまでのASEANの運営を行っています。

　ASEAN事務局は1976年の第1回首脳会議で設置が決定され、1992年の閣僚会議で機能と責任の拡充を決定し、事務総長の閣僚級への昇格、スタッフの増員が行われました。4局、1室と2ユニットがあり、事務総長と2人の副総長が事務局を管理しています。人員は、国際スタッフ50名、ローカルスタッフ150名程度で、事務総長を除き、ASEAN加盟国国民からの自由応募によるリクルートです。業務量に比べてスタッフがたりず、事務局の機能は限定的なものです。首脳会議など各種会議で権限の拡大がはかられていますが、超国家的な機構ではありません。機能としては、首脳会議や閣僚会議などの事務を担当するとともに、ASEAN協力の

3カ年計画を準備し、首脳会議で承認を得た上で、その実施をモニターし、必要に応じて常任委員会に勧告しています。ASEANの活動の強化に応じて近年、国境を超えた犯罪など治安面での協力を担当する特別プログラム室、紛争処理を担当する部署が設置されています。

佐藤考一著『ASEANレジーム―ASEANにおける会議外交の発展と課題』によると、1961年にタイ・マラヤ連邦・フィリピンで結成された東南アジア連合と1963年にインドネシア・マラヤ連邦・フィリピンで結成されたマフィリンドの混乱を打開するために、地域協力を協議する場として、1967年半ばにタイの首都バンコクで、インドネシア、マレーシア、シンガポール、フィリピン、タイの5カ国の外交関係者によってASEANの最初の会合が開催されました。マラヤ連邦のラーマン首相が提唱した東南アジア連合は、政治・外交・安全保障などの問題を意図的に回避して、タイ、フィリピンとともに1961年に成立しました。しかしながら、マラヤ連邦がボルネオ島のイギリス領サバやサラワクを含めてマレーシア連邦として独立しようとし、フィリピンとインドネシアの反対にあいました。

山影進著「相互不信の克服」『ASEANパワー―アジア太平洋の中核へ』によれば、フィリピンの主張の根拠は、「東南アジアの植民地分割が完成のする以前の国際関係」でした。したがって、その主張は「植民地継承という国家秩序の維持に対する挑戦」でした。さらに、インドネシアがフィリピンとマラヤ連邦の領土紛争に巻き込まれたのは、マレーシア連邦案に関して、ブルネイで起きた反乱がボルネオ北部地方の独立をスローガンとしていたからでした。インドネシア政府はこの反乱によって、マレーシア連邦に向

けての非植民地化が民族自決原則に反するものであることを認識するようになりました。こうした状況を打開するために、フィリピンはマレー系の3カ国の大連合を構想してマフィリンドを打ち出しました。

1963年にマレーシア連邦が成立すると同時に、インドネシアとフィリピンとの国交が断絶しました。マレーシアは、断交した両国との仲介をタイに依頼しました。また1965年にフィリピンのマルコス大統領は、マレーシアとの和解に努力し、さらにインドネシアとマレーシアの和解にも尽力しました。インドネシアも同年スカルノからスハルトへの政権移行によって和解を模索し、翌年に両国は合意に達しました。この調停に携わったのが、後にASEAN設立のバンコク宣言に署名した加盟5カ国の外相です。1968年にイギリス軍がマレーシアやシンガポールから撤退し、翌年にはアメリカがベトナムにおける派遣地上軍を削減しました。中国やソビエトのアジアへの積極的な外交によって安全保障への関心が高まり、アメリカを含む三大国とインドシナ諸国への対応をめぐって東南アジアの中立化が構想されたのです。そして、1971年の特別外相会議の『東南アジア平和・自由・中立地帯宣言』において、ASEAN諸国は初めて共通の外交政策を打ち出したのでした。

経済協力に関しては、1972年の国連の提言をもとに域内の経済協力を促すため、輸入代替による重化学工業化が検討され、1976年に大規模なプロジェクトを開始しました。域内特恵関税によって製品を流通させようとする共同工業プロジェクトや、単一の工業製品の主要部品を各国が分担して生産・組み立て、域内で流通させようとする産業補完協定も承認されました。さらに加盟国の

資本保有が5割を超える合弁事業には優遇関税を適用しようとしましたが、これらのうち、特恵関税は加盟国間の同意がえられないために少数の関税項目にしか適用されませんでした。外資を制限して域内市場の相互依存性を高めようとした協定も、結局国益の調整がつかず、最終的には協力が進展しませんでした。

1975年にベトナム戦争が終結すると、翌年アメリカによる安全保障から脱却しようとして、第一回首脳会議が開催され、ASEANの自助と域内協力が模索されました。域内の貿易自由化による貿易圏の設立を目指し、紛争の平和的な解決のために東南アジア友好協力条約が締結されました。この首脳会議の結果、内政の不干渉や紛争の平和的な解決を宣言する東南アジア友好協力条約が締結され、ASEAN事務局をインドネシアの首都ジャカルタに設置することが決まりました。その後、1978年にベトナムがカンボジアに進攻したのをきっかけとして、翌年中国がベトナムに侵攻し、中越戦争がおきました。これらの戦争から生じたインドシナ難民の問題に東南アジア諸国は一致して対応し、1982年には反ベトナム三派連合による民主カンボジア連合政府設立を支援しました。これにより同政府の国連代表権の承認に大きく貢献し、1989年のベトナムの一方的な撤退と1991年のパリ和平合意へとつながる大きな外交的な成果をあげました。

ところで、ASEANと日本の関係が緊密化したのは1970年代後半からです。1977年からは東南アジア諸国連合と日本の首脳会議が開催されるようになり、福田赳夫首相が福田ドクトリンと呼ばれるようになる対ASEAN外交三原則、すなわち非軍事で経済協力を優先する心と心の通う関係というASEAN―インドシナの架け橋構想を提案しています。

1980年代後半になるとASEAN域内諸国は、これまでの輸入代替工業化から、外資を導入して、輸出を振興する政策に転換しました。その背景には域内諸国の経済不況、欧米での地域主義進展への懸念、対中国への直接投資の急増への対応がありました。1987年に第3回首脳会議が開催されると、特恵関税への対象品目数の拡大、優遇関税対象品目に関する原産地規制を5割から3割5分への引き下げ、対象会社の外資比率の5割から6割への引き上げなどが合意されました。また、翌年には加盟国間の自動車部品の相互補完に優遇関税を適用する、ブランド別自動車部品相互補完流通計画が導入されました。

1992年の第4回首脳会議で、各国首脳は2008年までに段階的に関税率をゼロから5パーセントに引き下げることを決定しました。このような流れの中で、1994年に開催されたAPEC首脳会議において、インドネシアの主導のもとで先進国が2010年までに、後発国が2020年までに、自由で開かれた貿易と投資を目的とするボゴール宣言が採択されています。そして1995年の第5回首脳会議において自由貿易圏の実現を2003年に前倒しすることを決定し、サービスや知的所有権の協力に関する枠組み協定や紛争処理機構の設置に各国首脳は合意しました。さらに、地域内の紛争におけるASEANの役割が模索されたのです。拡大外相会議の経験にもとづいて、南シナ海の領有権に関する中国の脅威に対応し、アジア太平洋地域での安全保障での信頼を醸成するために、1994年にASEAN地域フォーラムが創設されました。その翌年に、ベトナムが、その次の年にラオス、ミャンマーが1999年にカンボジアがASEANに加盟しています。

開発独裁とよばれる権威主義的な政治体制が、経済発展の実現

によって正当化されなくなり、政治的な民主化のうねりが強まりました。インドネシア政府を32年間の長きにわたり率いてきたスハルト政権が崩壊し、地域の指導的な国の影響力が低下しました。危機に直面してASEANは地域の協力機構として大きな役割を果たすことができませんでした。そこで2003年の第7回首脳会議では、安全保障、経済、社会・文化の三つの共同体形成を通じてASEAN共同体の設立を目指すことになりました。翌年の第10回首脳会議では、安全保障共同体に関しては、ASEAN憲章の起草準備作業に着手すること、経済共同体に関しては、これまでのさまざまなイニシアティブを実現することを確認するとともに、産業を選別して自由化を促進することになりました。さらに紛争解決メカニズムの機能を強化し、開発基金を設置することが決まりました。

第3部　共生への俯瞰

第10章　国際援助制度

　援助国政府が被援助国政府に対して巨額の資金を提供する政府開発援助（Official Development Assistance）は二国間協力の典型的な手段です。被援助国政府がODAを受け入れる誘因には、外貨の獲得、投資資金の獲得、優れた技術の吸収などがあります。いずれも自国の経済発展を目的とする点において共通していますが、先進国の政府がODAを提供する誘因はきわめて多様です。国際社会での支持、エネルギーや食料の安定供給、自国会社の利権確保および国民の利他心の充足などがあります。援助の形態としては、国際機関への出資・拠出や二国間援助があり、先進国は無償資金協力・技術協力や低い金利でのプロジェクト融資、また技術協力としては、専門家派遣、研修生受け入れおよび機材供与があります。

　歴史的にふりかえってみると、浮浪者や失業者などの貧しい人々が小さな共同体の中にいることは多くの国であたりまえのことでした。寺や教会などの宗教団体が地域の貧しい人々に食物を恵むことは、日本でも西欧でも昔からみられました。それに対して社会が犠牲を払ってでも低所得者に生活保護を柱とする社会保障を行なう必要があると考えるようになったのは、いわゆる近代になってからです。経済発展が進み、政府の機能が充実してくる

と、貧困は個人の怠惰や不慮の要因によってのみで生じるものではなく、社会が発展する過程で構造的に生み出されるという考えが広まり、生活困窮者の救済にとどまらず、社会の不平等や格差に対して政府が税金を使って低所得者や病気の人々の生活を保障することが求められるようになりました。世界で最初に救貧法が成立したのはイギリスで、しかも産業革命が達成される以前の1601年です。

1　援助理念の変遷

　現在、国際的な援助機関としては、国際復興開発銀行、別称世界銀行が多国間国際援助の中心的な役割を果たしています。地域の開発銀行として、アジア開発銀行、ラテンアメリカの経済開発のための米州開発機構、ヨーロッパの移行経済諸国の経済発展のための欧州開発銀行、そしてアフリカ開発銀行があります。

　第二次世界大戦後、アメリカとソビエト連邦の東西の両大国の対立がはじまり、国際経済援助はマーシャルプランにみられたように、相手国の自立を目指したものというよりは、被援助国を自由主義圏に引き込むための手段と見なされていました。豊かな先進国と貧しい発展途上国の間の所得格差が国際舞台で注目されるようになったのは1960年代以降、西欧や日本の戦後復興が終わって、東西冷戦が強く意識されるようになってからです。アジアやアフリカの新興独立国が共産圏に参加して東側の勢力が拡大しないように、これらの発展途上国の経済成長を促し共産主義思想の拡大を阻止しなければなりませんでした。西側先進諸国は、東西冷戦に勝ち抜くために途上国を積極的に支援し始めました。とこ

ろで開発途上国の貧困問題に対して先進諸国は旧植民地の宗主国であったことから、その補償が「援助」となり、西欧諸国の援助の配分額はそれぞれの旧植民地に多くなっています。他方、日本の東アジア諸国への経済援助は、当初第二次世界大戦の賠償という側面を色濃く持っていました。

貧困はすでに世界的な課題になっており、貧困状態と紛争との間には密接な相関関係があります。経済援助はある意味で、先進国から途上国への所得移転によって、最大多数の最大幸福が達成されることをめざしています。

ある国の生活保障のための社会保障は社会全体の経済厚生をどのように変えるかを考えてみましょう。ある国に低所得者と高所得者がいるとします。高所得者から低所得者に慈善的な所得移転をおこなうと、社会全体の厚生はどうなるでしょうか。経済学ではある消費からえられる効用という考え方を利用しています。この効用は消費量とともに少しずつふえますが、消費量が一単位ずつふえたときに、その効用の増分は少しずつへります。所得移転によって1杯しかご飯をたべられなかった低所得者がご飯の2杯目を食べることによる効用の増分は、税の負担のために10杯から1杯分だけへらされた高所得者の効用の低下を大きく上回ります。このことから先進国の裕福な人々から、貧しい発展途上国の人々に所得の移転をおこなえば、世界全体の経済厚生はより高くなるということが容易に想像されます。

全体として同じ量の食べ物を分かち合うというゼロサムではなく、これを生産全体がふえていくポジティブサムにするにはどうすればよいのでしょうか。トリクルダウン型発展戦略という考え方があり、経済成長による所得の拡大を通じて貧困層を撲滅しよ

うとしています。この考え方では、経済発展に直接関連する道路、港湾、水道や通信などの社会資本整備等のインフラプロジェクトを重視します。このため資金は、先進国からの市場金利より低い金利での借款や、先進国の銀行からの途上国の政府への融資でした。開発計画をより効率的にするためには、マクロ経済での隘路を明らかにし、より効果ある分野への資金配分を高める必要があります。さらに、ミクロレベルでのプロジェクトの企画・実施段階の問題点を明らかにすることによって個別のプロジェクトごとに効率化を図らなければなりません。

　西欧や日本の戦後復興では、破壊されてしまった工場の設備などの資本を補えば、経済は再び成長しました。ところが、途上国の場合にはいくら資本を投入しても東南アジアのいくつかの国々を除いて、成長軌道に乗ることはなかったのです。戦争で破壊された国には、経済活動を活発にするための社会制度、技術やその訓練、政府の役割などについての知識が官僚や会社経営者に十分ではないにしてもある程度残っていました。しかし、途上国には資本以外にも経済発展を妨げる隘路が多すぎ、経済発展のために技術協力の重要性が主張されるようになりました。他方、1970年代になって成長の成果が、一部の政治家、官僚や大会社の経営者に集中し、一般国民に公平に分配されていないという批判が強まる中で、国民総生産GNPや平均所得の増大を開発の目標とする考え方に批判が強まりました。また、一人当たりの所得が低いにもかかわらず平均余命や識字などの基本指標において優れている国が注目され、成長だけでなく適切な公共政策の役割が再評価されるようになり、ベイシック・ヒューマン・ニーズの充足による貧困削減が主張されるようになりました。

図10-1　先進国の援助額の変遷

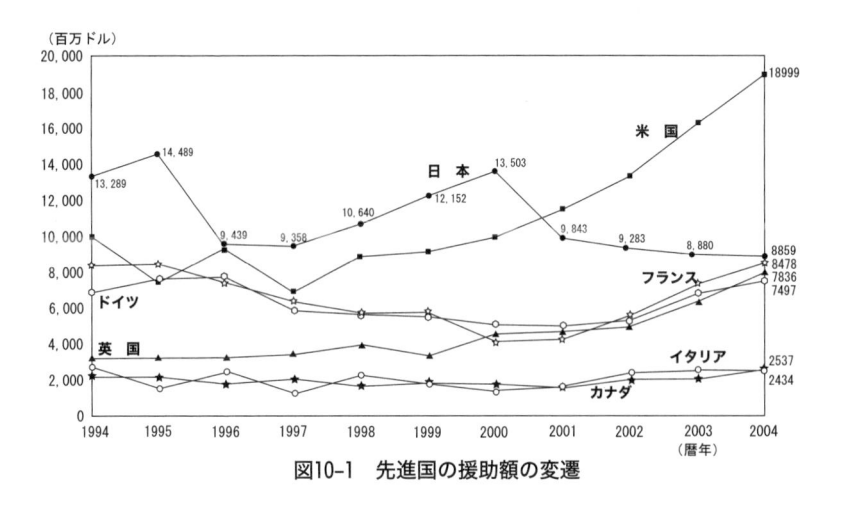

　主な政府開発援助国は、欧州連合、アメリカと日本です。現在欧州連合の開発政策の最重要目的は、貧困を減らし、ミレニアム開発目標(MDGs)を達成することになっています。欧州連合は、開発援助の提供や貿易を通して、途上国における社会改革の支援や貧困削減を目指しています。欧州共同体自体も1957年の創設時以来援助を提供しており、欧州連合は世界の政府開発援助(ODA)の1割以上を占めています。25の加盟国による二国間援助を合わせると、欧州連合は世界のODAの半分強という膨大な資源を拠出しています。また、途上国における外国直接投資の主要な担い手であると同時に世界最大の単一市場を誇る欧州連合は、大半の途上国にとっての主要な貿易パートナーとなっています。イギリス、フランス、スペインなどの欧州諸国は、アフリカやアジアの旧植民地の宗主国であり、長年にわたりアフリカ、アジア、カリブ海および太平洋の国々と、貿易、開発、政治協力において友好的な関係にあります。

2 日本の援助戦略

図10-2から明らかなように、日本の政府開発援助は東アジアが、最近でも4割を越えています。援助総額では1992年以降シェアが低下しています。アジアにおいて最初の先進国となった経験をいかし、援助により経済社会基盤整備や人材育成、制度構築への支援を積極的に行ってきました。その結果、東アジア諸国をはじめとする開発途上国の経済社会の発展に大きく貢献してきました。東アジア地域は日本と政治・経済・文化などあらゆる面において緊密な相互依存関係にあり、この地域の発展と安定は日本の安全と繁栄にとって重要です。日本は、これまで東アジア地域に

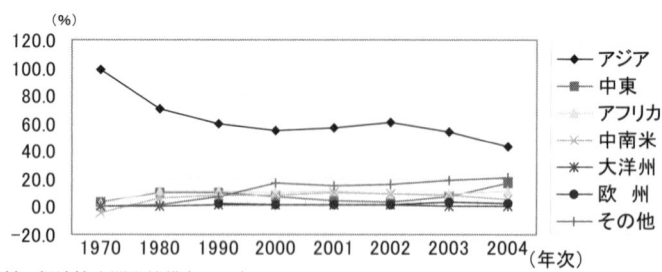

資料：経済協力開発機構（OECD）

図10-2　日本の二国間援助

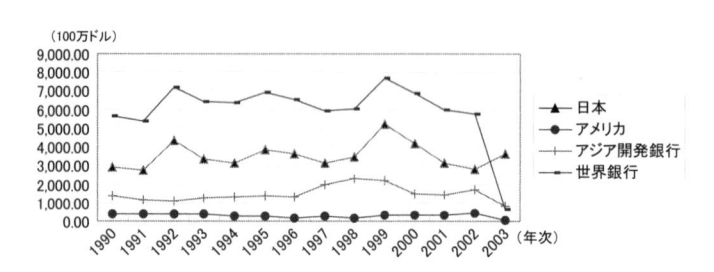

資料：経済協力開発機構（OECD）

図10-3　世界のＡＳＥＡＮへの政府開発援助

対して、政府開発援助による社会基盤整備などを進めるとともに、経済連携の強化などを通じて民間投資や貿易の活性化を図るなど、援助と投資・貿易を連携させた経済協力を進めることにより、同地域の目覚ましい発展に貢献してきました。特にインドネシア、タイやマレーシアには重点的に政府開発援助が配分され、その後の日本の会社の工場など直接投資への費用をさげ、この地域の経済発展に貢献しました。

日本の政府開発援助は自助努力支援を特徴としており、発展途上国の持続的な発展を促すために以下の援助を行っています。極度の貧困、飢餓、難民、災害などの人道的問題、教育や保健医療・福祉、農業などの分野や環境、水などの地球的規模の問題への対応。良い統治(グッド・ガバナンス)を支援するため、人づくり、法・制度構築や経済社会基盤の整備を促進し、平和、民主化、人権保障のための努力や経済社会の構造改革に向けた支援、さらに、紛争・災害や感染症など人間に対する直接的な脅威に対処するため、グローバルな視点や地域・国レベルの視点とともに、個々の人間に着目した「人間の安全保障」を重視しています。

円借款は日本政府が発展途上国に円建てで融資する制度で、為替リスクはすべて受入国が負っています。1985年以降の急激な円高と、アジア通貨危機による東南アジア諸国の通貨の切り下がりによって、これらの諸国は多額の為替差損をこうむっています。

円借款は一人当たりの国民所得が6,000ドル以下の国を対象とし、政府開発援助の大部分を占めています。2006年度での円借款はインドが4年連続で最も多く2,000億円近くになります。2007年半ばには、高速貨物専用鉄道の建設プロジェクトに、2008年から5年間で4,000億円を融資する予定です。このプロジェクトの総工

(億円)

図10-4 中国への円借款

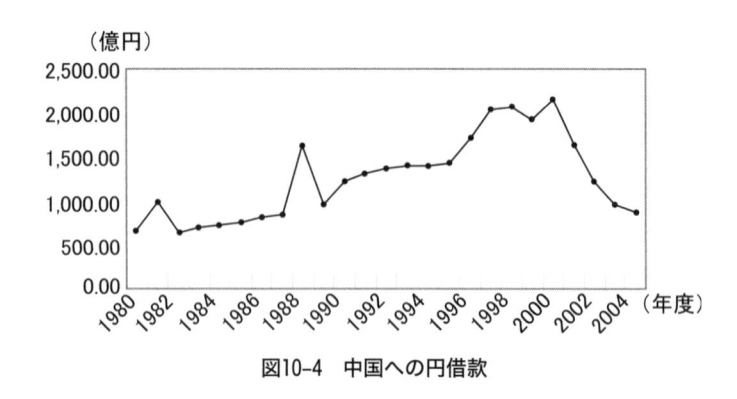

費は50億ドル、約6,000億円と見積もられています。

　他方、**図10-4**から明らかなように中国への円借款による融資額は2000年度の2,100億円をピークとして減り続け、2006年度は約600億円となり、2008年前半に新規の融資を終了させることになっています。円借款は今後停止されたとしても、排出権取引に関連する政府開発援助は急増していきます。

3　累積債務問題と構造改革

　1979年の第二次石油危機によって、ブラジルを中心とする中南米諸国の目覚しい経済成長は挫折することになりました。1973年の第一次石油危機は産油国に集まったオイルダラーを先進諸国の銀行に還流させただけでなく、先進諸国の新規投資を控えさせたので、国際金融市場では余剰な資金であふれ、リスクの高い途上国政府への融資の道を開きました。途上国政府は民間銀行から外貨を借り受け、経済開発に投入し、対外債務を累積させながらも高い経済成長を達成しました。ところが、第二次石油危機はアメ

リカやイギリスの経済に物価の上昇を伴う景気後退というスタグフレーションをひきおこしました。物価安定を優先した先進国は金融引き締め政策を採用したので、石油などのエネルギー価格と金利の急上昇によって引き起された会社の設備投資の減退から景気が後退し、大量の失業者がでました。余剰資金は、高金利を求めてアメリカに流入したので、ドル高をもたらし、すでに累積外貨債務に苦しめられていた発展途上国は、金利の上昇によって債務返済のための新規借り入れがいっそう難しくなり、累積債務問題(Debt Problems)に直面しました。

1982年のメキシコ政府による債務返済繰り延べ申請は、国際金融市場による途上国政府への資金の流れを急激にへらし、外貨債務の返済に支障をきたす途上国が中南米諸国を中心に続出しました。対外債務累積を伴う経済成長戦略は持続的ではないことが判明し、途上国は自国の貯蓄資金の範囲内での開発戦略に変更を余儀なくされました。国内貯蓄増加を目的にした金融の自由化、限られた資金をできるだけ有効に使うことを目的にした国営会社の民営化や規制の緩和・撤廃などを盛り込んだ「大きな政府」から「小さな政府」への移行が構造調整政策の中心となり、世界銀行やIMF、先進各国の二国間援助もその目的のための資金を用意しました。

1990年代初めのソビエト連邦の崩壊は、「大きな政府」の非効率を再確認させるだけでなく、東西冷戦の終了をも意味しました。西側陣営のアメリカには、もはや西側陣営の諸国の安全保障を確保する必要はなく、自国の安全保障だけを確保すればそれで十分となり、その目的で実施していた途上国への援助も必要ではなくなりました。途上国を先進国まで発展させることは目的では

なく、一国内の社会補償問題のように、最低生活水準、ベイシック・ヒューマン・ニーズの確保だけを目指せばよいことになります。途上国を個別に診断して発展の隘路を見つけ出し、発展の道筋を明らかにすることはもはや必要ではありません。ベイシック・ヒューマン・ニーズとは、しかるべき食料、家屋、衣料の充足、飲料水、公衆衛生および教育サービスの充足であり、その結果としての働く意志と能力を持つ人の雇用となります。1976年の国際労働機関(ILO)で2000年までにこれらの目標の達成が提言されました。しかしながら、新国際秩序を主張する途上国からは、ベイシック・ヒューマン・ニーズアプローチは途上国の成長と工業化を阻害し、また先進国からの援助をへらし、新国際経済秩序の創設から目をそらせる先進国の謀略との批判があがりました。

4 ワシントン・コンセンサスとパリクラブ

国際収支状況の悪化により、対外債務の返済が困難となった債務国に対する救済方法としては、国際通貨基金IMFや世界銀行等の国際機関の融資による支援、ロンドンクラブ等の民間債権者グループによる繰り延べ、そして、公的債権者グループであるパリクラブによる債権繰り延べがあります。アメリカ財務省、世界銀行と国際通貨基金が共有する経済の構造改革に「ワシントン・コンセンサス」があります。これをWilliamson(2000)によってまとめると主な政策は以下のようになります。

途上国においては様々な規制があり、人々の間に特権的利益(レント)を生み出しています。したがって、政府の行政機構を小さくし、歳出を削り、官僚機構が策定する規制を緩和し、金融・

資本市場をふくむあらゆる産業や事業をできるだけ自由化・民営化すること、さらに、貿易障壁の撤廃、国有会社等の海外投資家への売却、社会保障費を中心とする歳出の削減、労働市場の自由化です。具体的には、一次医療、初等教育や社会資本への優先的な財政支出と政府予算の削減、限界税率を下げ税制基盤を拡充する税制改革、金利の自由化と為替市場の自由化による競争的為替レートの実現、関税の引き下げによる貿易自由化、財産権の確保と国内優良会社の合併・買収の許可を含む外国直接投資の自由化および電力、水道、電話やガス会社の民営化と産業への参入・退出の自由化です。

「ワシントン・コンセンサス」を具体的に実施するためには、構造調整の必要な国家において、しばしば大統領や国会議員の民主的な選挙を行うことが必要となります。なぜなら、通常、途上国においては、政府に政治・経済構造の改革を行う意志がないか、あるいは財閥や労組といった政治的な圧力団体の反発により、構造改革が多大な犠牲なしには不可能な場合が多いからです。このような場合には政権勢力の中枢部にかかわる腐敗事件を暴露して現政権を無力化してでも、現政権が選挙で敗北して既得権益を排除しない限り、上述の構造調整策は実施されない可能性が大きいのです。

主要債権国会議・パリクラブは1956年、アルゼンチンの債務繰り延べを話し合うために債権国がパリに集まったのをきっかけに発足しました。恒久メンバーは97年に参加したロシアを含む日米欧の主要19カ国です。フランス財務省が事務局を担当し、非公式の緩やかなグループとして定着しています。対象となる債務国に対し公的債権を有している債権国が参加することは可能であり、

ブラジル、南アフリカ、クウェート、トリニダード・ドバコ、韓国等が対象債務国によって、恒久メンバーと債務国の了解を得て随時パリクラブ会合に出席しています。この他にも、IMF、世界銀行、地域開発銀行、UNCTAD、OECDがオブザーバーとして参加しています。

1980年代に入ると、国際収支の悪化等で累積債務問題に直面したアフリカ、中南米諸国を中心に繰り延べの要請が行われ、数多くの債務国に債務の繰り延べが行われ、この頃、現在のパリクラブが形成されました。パリクラブは国際通貨基金IMFや世界銀行のような正式な国際機関ではなく、各債権国の代表者による友好的かつゆるやかな集まりです。また、債務国への援助・経済協力それ自体ではなく、債務国の経済事情を踏まえて返済負担を軽減し、返済可能な債務繰り延べ条件を議論することを目的としています。債権国には、対外債務の支払に十分な外貨を持たない債務国から長期ではあっても公平・確実に債権を回収することができるという利点があります。他方、債務国にとっても、窮乏した財政状況で資金繰りが苦しい折対外債務を少しでも先に引き延ばし、IMF・世界銀行等の融資を使って経済の建て直しを図ることが望める利点があります。パリクラブ(主要債権国会議)では、イラクの戦後復興の焦点となっている対外債務を協議し、アメリカは復興を円滑に進めるうえで債務削減は不可欠との姿勢でしたが、日本、フランスやロシアなどは、イラクが将来的に多額の石油収入を見込めることから削減に難色を示しました。

第11章　地球環境保全

　大気汚染という環境破壊が生じるのは、所有権が設定されていない大気が、人類の共有資源であるからです。したがって、空気とか水といった共有資源を利用する個々の企業は、利潤最大化の原理によって行動し、資源全体を管理する誘因が働かないので環境の汚染や破壊が生じてしまいます。

　以下では地球環境問題を、地球温暖化対策と生物多様性の維持問題から考えます。この章の分析におけるゲームのプレイヤーは先進国と発展途上国です。まず、なぜ地球温暖化対策として、炭素税に代わって途上国を巻き込んでの排出権取引が採用されたのかを考えます。炭素税はピグー税の一種で、経済システムに何らかの欠陥が見出されたときに、政策によってこれを是正しようとするものです。他方、排出権取引では、化石燃料と大気をできるだけ効率的に使ってCO_2をできるだけ排出しない会社が、大気を利用するべきであると考えています。いいかえると、最も効率的に資源を利用することができるものが市場で価格を払って、その利用権を購入すればよいことになります（コースの定理）。つぎに、生物多様性条約のもとでの新薬開発における発展途上国への経済的利益の還元の問題を分析します。そして、最後に、途上国が、

CO_2を分解する源と生物・遺伝資源の宝庫としての熱帯雨林を維持管理する費用としての途上国の累積外貨債務を削減する環境スワップを考えます。

いままでこの本で展開されてきた議論では、人類の社会活動を維持する上において、地球の資源・環境の制約を厳密には扱っていませんでした。しかしながら、数世紀にも及ぶ人類の社会活動の結果、人類は地球の資源を食いつぶし、自然環境を汚染して、人類自体の生命の存続自体を危ういものにしてきました。過去2世紀の間に世界の経済活動の水準は数百倍になりました。同じ期間に、人口は約8億人から66億人に達しようとしています。

地球環境が人類を含むある独立した生命システムであると想定すると、人類が存続するためには循環型のシステムにできるだけ早く移行しなければなりません。地球を一つの孤立したエネルギーシステムと捉えると、循環型のエネルギーシステムを完成させるためには、石油、石炭や天然ガスなどの化石燃料をできるだけ使わずに、主に地熱や太陽エネルギーを使わなければなりません。CO_2をほとんどださない、原子力発電に利用されるウランも広い意味では、枯渇する化石燃料です。人類は、現在、資本主義市場システムでこの資源・環境問題に対処する以外の方法を持ってはいません。

あるシステム内部ではエネルギーが使われて何らかの仕事が行われても、エネルギーは、利用可能な状態から不可能な状態に変化しただけで総量は一定です。これをエネルギー不滅の法則といいます。ところで、人類にとって一度利用不可能なエネルギーになると、元の状態に戻すには仕事をするのに使ったエネルギー以上のエネルギーを必要とします。これは、利用不可能なエネルギー

より元のエネルギーのほうがエントロピーが低いからで、すべてのものは秩序だった低いエントロピーの状態から無秩序な高いエントロピーの状態に移行していきます。地球環境の問題は、この視点に立てば、いかにしてできるだけ低いエントロピーの状態で次の世代に地球を受け継いでいくかということになります。

循環型地球システムのエネルギーの供給源は、地熱と太陽エネルギーです。地熱は、温泉や水蒸気によるタービンを利用して発電に利用されています。太陽エネルギーは水の循環の過程で、海水の波力や、水力と風力による発電によって電気エネルギーとして、また植物の葉緑素を利用した光合成によって食物自体にエネルギーを蓄積しています。

1 地球温暖化への対応

世界の年平均の海面水温は、数十年の期間で海洋や大気の変動を引き起こしていますが、人類の社会活動による地球温暖化の影響と重なり合って変化しています。長期的には100年当たり0.50℃の割合で上昇しています。1990年代後半からは高温となる年がふえています。

2007年に国際連合の気候変動に関する政府間パネルは、1970年以降いくつかの地域で強い台風、サイクロンやハリケーンなどの熱帯性低気圧がふえているようにみえると報告書の中で指摘しました。この強い熱帯性低気圧の割合の増加には、熱帯地域の海面水温の上昇で水の蒸発がふえ、大気中に蓄えられる水蒸気がふえており、強い熱帯性低気圧は、そのエネルギーを使って発達していると考えられています。

海面水温平年差(℃)

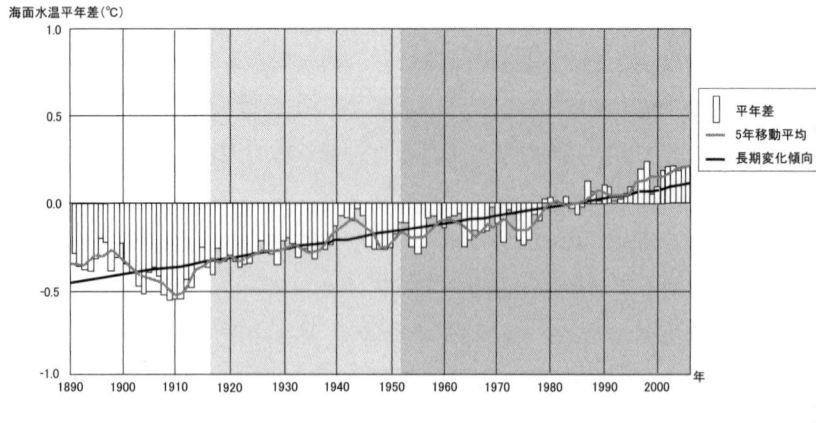

資料：気象庁

図11-1　世界の年平均海面水温の経年変化

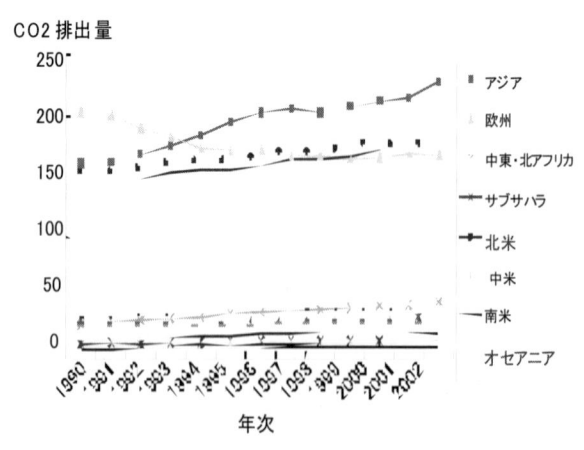

CO2排出量

資料：UNEP

図11-2　世界の地域別 CO$_2$ 排出量

　地球温暖化は、その解決に国際協力を不可欠とする問題の典型です。地球温暖化問題とは、人間活動によって排出されるCO_2を中心としたガスの排出によって地球全体が温室状態となり、それ

によって地球規模で年間平均気温が緩やかに上昇している問題です。それによって、地球規模で生じる気候の変動、水温上昇に伴う膨張による海面の上昇等によって、現在の生態系および人間活動に対して深刻な影響が生じています。人間活動によって排出されるCO_2によって地球が温暖化する可能性については、すでに19世紀から指摘されており、世界的な社会問題として意識されるようになったのは1980年代からで、21世紀に入ってからCO_2が地球温暖化をもたらす効果があること自体について合意がなされるようになりました。

あらゆる人間の営みは、呼吸にはじまってCO_2の排出をともない、CO_2の排出の削減は必ず社会的な犠牲を伴います。CO_2排出の主な原因は石炭や石油の化石燃料を燃やすことから生じていますが、社会においても石油は自動車や火力発電所の燃料をはじめとして、あらゆる人間活動に関連しています。地球上のいかなる地域でのCO_2の排出も地球規模の影響をもたらしますので、いかなる地域で排出を削減しても地球の大気への効果は同じであり、そのことが各国への排出の削減量の割り当てを難しくします。さらに、地球温暖化によってこうむる被害の大きさが、各個人や各国に同じように生じるわけではないので、国内および国際問題としての解決を一層複雑にしています。

国連の気候変動に関する政府間パネル(IPCC)は、世界が「現状維持」を続けた場合、2100年までに地球の平均気温はさらに1.4から5.8度上昇すると予想しています。たとえ、この予想の最低値の上昇範囲にとどまったとしても、これは1万年前に終わった最後の氷河期以来の最も急速な温暖化を意味しています。また、1世紀という期間に6度近くも気温が上昇すれば、人類、社会およ

び自然環境に破滅的影響を与えることは容易に想像できます。

地球の温暖化が進行し、未来の地球にきわめて深刻な影響を与えることは、万人の憂慮するところです。温暖化の主たる原因は、温室効果ガスにあるとされていますが、この温室効果ガスの蓄積に歯止めをかけるための重要な第一歩が京都議定書でした。地球規模での気候変動は世界的な対策が必要です。この問題に取り組むため1980年代末から本格化した地球温暖化対策をめぐる気候変動枠組条約は、1992年に国連気候変動枠組み条約として採択され、1994年に発効しました。この条約の主な目的は地球温暖化を防止するために、大気中のCO_2の濃度を気候システムにおいて人為的影響が危険な水準までに達しないよう安定化させることであり、その水準とは生態システムが気候の変動に自然に適応し、食料の生産が脅かされず、かつ持続的な経済発展を可能にすることとされました。条約の批准国は、異なる責任をもち、人類の現在および将来の世代のために気候システムを保護し、気候の変動の原因を予測することによって、その変動を防止するか、または最小限にする措置をとることが要請されています。

これにもとづき1997年に締結された京都議定書は、世界的な排出量の増加を食い止める最初の具体的な対策を国際協力の下に実現しようとしています。京都議定書は2004年のロシアの批准により2005年2月中旬に発効しました。2006年時点で、締約国189カ国で、その合計排出量は全世界の6割を超えていますが、最大の排出国で世界の排出量の約4分の1を占めるアメリカは批准していません。さらに議定書の下では、合わせて2割を越えるCO_2を排出している中国やインドなどの大きな途上国は排出量削減に関して目標値が与えられていません。

すべての批准国に共通する義務としては、主に情報収集や情報提供、各種施策への協力義務などがあり、先進国は、温室効果ガスの人為的な排出を抑制し、吸収源と貯蔵庫を保護・強化することによって気候変動を緩和する政策と措置をとる義務を負っています。1990年代の終わりまでに温室効果ガスの人為的な排出量を1990年レベルで安定化することを目標として掲げていますが、先進国は発展途上国がその義務を履行するために必要な資金の提供や、気候変動の悪影響を特に受けやすい発展途上国(主に島嶼諸国)がそれに適応することを資金的に支援することなどが義務とされています。

京都会議において6種類の温室効果ガスについて、2008年から12年における年平均の排出量を、先進国全体で1990年の排出レベルの95パーセント以下まで削減すること、さらに、ほぼすべての先進国については、法的拘束力のある個別の数値的削減目標が割り当てられました。この議定書の発効要件は、条約締結国のうち55カ国以上が批准すること、および批准した先進国の合計の1990年の排出量が、全先進国の同年の排出量55パーセント以上となることでした。日本は温室効果ガスの排出量を2008年から2012年の間に1990年比で6パーセント削減し、長期的にはさらに大きな排出削減が必要となります。2007年のドイツでの主要国首脳会議では、2050年までに5割の削減が提案されました。

2　排出権取引と炭素税

以下では地球温暖化防止のために採用された国際的な対策が、なぜ排出権取引であり炭素税ではないのかを検討します。

排出権取引は、先進国は発展途上国にCO_2の排出の制限を求めることなく、地球規模でのCO_2の排出量を現状維持にとどめようという制度で、また先進国間でも自国の排出割当量を移転することができます。排出割当量を移転することができるとすると、排出者はその排出割当量まで排出を自力で削減することのほかに、それを越えて削減を行い排出割当量の余剰分を他者に譲渡すること、または他者から排出割当量を取得することによって自らが削減する量を減らすことができることになります。この場合、他の排出者よりも安価に削減を行うことができる排出者は、自らが削減を行って他者にその削減分を譲渡することによってその削減のコストを超えた利益をあげることが可能となり、他の排出者よりも削減のコストが高い排出者は、自らが削減を行うよりも他者から削減分を取得することによってその削減のコストを減少させることができます。このことによって、両者が利益を得つつ社会的コストを最小にすることができると考えられています。

　クリーン開発メカニズムは、(CDM)は、発展途上国が持続可能な発展と気候変動枠組条約の目的を達成することを支援し、かつ先進批准国の数量目標を達成することを可能とするメカニズムとして期待されています。このCDMにおいては、先進批准国が削減目標を持っていない発展途上国において、CO_2の排出の削減プロジェクトを実施した場合、その削減分について自らの削減分として計上することができます。しかしながら、CDMはクレジット取得までの審査費用が高く、手続きも煩雑なために、大規模プロジェクトにしか適用されないと考えられ、そのためCDMの長所として考えられている先進国からの発展途上国への最先端の省エネルギー技術やノウハウの移転もそれほど順調には進まないと

思われます。

　炭素税とは、石炭・石油・天然ガスなどの化石燃料に炭素の含有量に応じて税をかけて、それを利用した商品の生産費を引き上げて需要を抑制し、CO_2の排出量を抑えようという政策手段です。CO_2の排出の削減に努力した会社や個人が利益を得、努力を怠った会社や個人はそれなりの負担をする仕組みです。CO_2の排出量に応じて炭素税をかけることで、化石燃料を多く使用した商品の価格が高くなります。消費者は、それによって環境への負荷を知ると同時に、地球温暖化防止のための費用を負担します。その結果、人々は効率のよい家電製品や燃費のよい自動車、化石燃料を使わない素材の製品を利用するようになり、さらに、自動車や電化製品の不要不急な利用を控え、ガソリン代や電気代を抑えることになります。メーカーはより省エネルギー型の機械を設置し、化石燃料を使わない原材料への転換を図り、電気の利用を控え、エネルギーの利用にかかる費用を抑えます。同時に、メーカーは効率のよい家電製品や燃費のよい自動車の開発にしのぎをけずります。

　ミクロ経済学の分析においては、ある商品の生産をしている会社において私的限界費用と社会的限界費用か乖離する場合には、外部不経済があることになります。**図11-3**において、大気汚染による外部不経済がある分だけ課税することによって効率的な均衡を回復しようとすると、生産量はYpからYsまで減少します。このとき、価格がどれだけ上昇するかは、需要曲線の傾きに依存します。CO_2の排出量に課税する炭素税は、ピグー税の応用になります。この場合、環境税とは自然環境を維持管理するための政策手段の一つです。

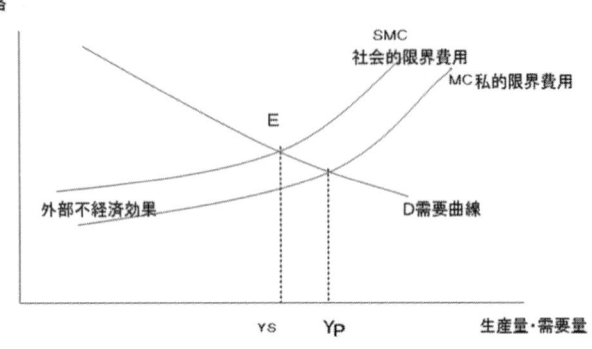

図の縦軸:費用 価格、横軸:生産量・需要量。曲線:SMC 社会的限界費用、MC 私的限界費用、D 需要曲線、外部不経済効果。交点E、YS、Yp。

図11-3 外部不経済と社会的費用

　現在、欧州連合で考えられているのは、CO_2の排出量に応じて課税する炭素税とエネルギー量に応じて課税するエネルギー税を組み合わせることです。フィンランド、オランダ、スウェーデン、ノルウェー、デンマーク、ドイツ、イタリア、イギリスで炭素税やエネルギー税が導入されています。日本では、環境省が中心となって炭素税をはじめ様々な環境税について研究を行っており、炭素税を含む化石燃料への課税導入を検討しています。

　炭素税が京都議定書で取り上げられなかった理由は以下のように考えられます。会社がある商品を生産するときに、社会的限界費用と私的限界費用が乖離している場合、これをどう処理するのか国際的な合意はえられていません。たとえば、製紙会社が排水の水質改善を行うためのプラントを政府の補助金を使って設置した場合、この補助金は貿易障壁の対象となるのかという問題があります。他方、この水質改善プラントを会社が負担して設置すると製造コストがあがり、製品価格が上昇します。そこで、この製

紙会社の代替商品である、環境に配慮しない安い外国産の製品に対し、政府が環境課徴金を課した場合にこれにどう対処するかが明確に決まっていません。

CO_2排出1トン当たり、数千円の炭素税を課すとすると、技術があまり進んでいない途上国の会社にとっては、経済的な負担は大きくなります。さらに相対的に原子力発電による電力生産の費用が下がることになります。先進国だけでなく途上国でも原子力発電所の建設の誘因が高くなり、核不拡散の問題とも関連してきます。

京都メカニズムは、個々の国家の主権を侵すことなく、市場機構を利用することで、柔軟で効率的に目標を達成しようとしています。国際的に協調することによって効果的にCO_2の削減を達成することを期待されており、共同実施、国際的な排出権取引とクリーン開発メカニズム (Clean Development Mechanism、CDM) があります。

共同実施とは、まず数値目標を達成するため、先進国間でCO_2の排出の削減あるいは、それを吸収する仕組みをふやすことを目的としたプロジェクトを共同で行うことです。このプロジェクトによって、生じた排出の削減もしくは吸収量について、参加国以外の削減目標に算入することができます。結果としては、共同実施を行った前後において参加国の合計の排出量は拡大するわけではありません。同様の機能は排出権取引によっても果たすことができます。欧州連合では、CO_2の総排出量の約5割に相当する対象会社、約12,000社に対して年間の排出枠が政府によって割り当てられ、排出量が割当量を下回った会社は余剰分を売却することができます。一方、排出量が割当レベルを超えると予想した会社

は、排出量削減に向けて投資するか、または過剰排出分の一部あるいはすべてを賄うために市場でさらに割当分を購入しなければなりません。この排出権取引は他の国々の同様な制度と連携が可能なほか、第三国における排出量削減プロジェクトで獲得した「クレジット（削減量）」を活用することで、市場メカニズムを利用しています。

ある削減プロジェクトが、発展途上国で実施された場合に、それが実施されなかった場合に比較して予想される排出量をと比べて削減された分はクレジットとして認定されます。その認定されたクレジットは、そのプロジェクトを遂行した先進国の会社ある国家が国際市場で売ることができ、そのクレジットを買った他の国家の会社はその分だけCO_2を地球に放出して生産を拡大することができます。

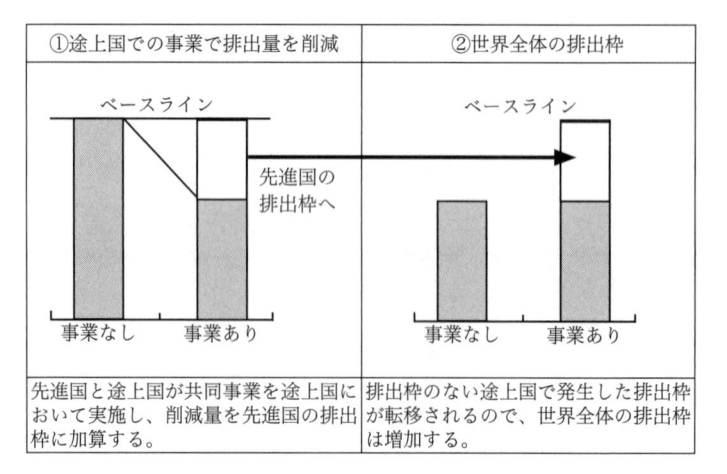

①途上国での事業で排出量を削減	②世界全体の排出枠
先進国と途上国が共同事業を途上国において実施し、削減量を先進国の排出枠に加算する。	排出枠のない途上国で発生した排出枠が転移されるので、世界全体の排出枠は増加する。

図式11-1　クリーン開発メカニズム CDM

欧州連合は2020年までに1990年比排出量の2割削減を目指しています。欧州では排出量の6割以上のエネルギーが産業における商品の生産と運輸につかわれています。各加盟国の国内対策を補う形で、欧州委員会は費用対効果の高い方法で温室効果ガスを削減するための幅広い規制と市場ベースに基づく対策を講じてきました。2005年1月1日に欧州連合では、世界に先駆けて導入した排出量取引制度が動き出しました。日本では、CO_2の排出量は1990年度12億6,100万トンで、2008年から2012年の排出目標は平均で11億8,600万トンです。6パーセントの削減目標値のうち達成計画は3.8パーセントを森林吸収で、CDMを利用した途上国でのプロジェクトによる排出権の取得によって1.6パーセント、合計で5.4パーセント削減する予定です。しかしながら、経済成長率が推定値よりすでに高くなっていることにより目標の達成は難しくなっています。

日本や欧州連合とアメリカにおける産業の部門別エネルギーの消費割合をみると、1990年で、輸送部門がおよそ3.5割、その他の民間部門が3.5割です。同年の日本では、輸送部門がおよそ3割で、その他の民間部門が3割です。2000年のアメリカでは、輸送部門がおよそ4割、その他の民間部門が3.5割となっています。同年の日本では、輸送部門がおよそ2.5割で、その他の民間部門が3.5割です。欧州連合では、輸送部門がおよそ3割で、その他の民間部門が4割となっています。

アメリカの経済システムの特徴は、そのシステムを維持するためにかかる高い輸送エネルギー消費です。なぜなら、広大な国土に大都市が分散しており、大都市間の「ヒト」や「モノ」の航空、トラックの輸送、さらに大都市圏で多くの市民が毎日の通勤通学に

使っている車のために、輸送にかかわるエネルギー消費量が他の地域に比較して極端に高いのです。2003年ではアメリカは世界の石油消費量の1/4を、日本や中国は1/8程度を消費しています。アメリカのエネルギー戦略は、できるだけ石油資源を確保しつつ、代替エネルギーを使った輸送機関の技術革新を待っているように見うけられます。ある意味でこれは最適戦略です。なぜなら、技術革新がまったくランダムに起こると想定すると、時間が経過するほどに技術革新の可能性は高まるからです。

3 生物多様性条約

　地球環境保全に関して急速に関心が高まっているのが「生物多様性」です。現在では、地球環境保全のみならず、野生生物種をバイオテクノロジーによる品種改良のための貴重な生物・遺伝資源として捉えており、これらは将来の医薬品や新商品開発に関わっています。生物多様性とは、基本的にはあらゆる生物、すなわち動物、植物および微生物と、それによって成り立っている生態系、さらに生物が過去から未来へと伝える遺伝子とを合わせた概念です。現存する種は長い地球の歴史における進化と分化の結果です。いずれにせよ、現在、環境の観点から未曾有の危機にあるといわれる地球には想像を絶する多くの生物が生息していることは事実であり、いわゆる生物多様性とは種の多様性を表すことが多いのです。生物は個々にかってに生きているわけではなく、他の生物種とともに一定の生物圏の中に組み込まれて生存競争のもとで相互依存的に生息する生態系をもっています。生態系を構成する生物種の組み合わせは無数に存在し、気候、地質など自然

環境により異なっています。地球の自然環境は多様なので、それに伴って多様な生態系が存在することになります。生態系は地球上の様々な環境のもとで成立する生物のコミュニティでもあり、そこでは環境への適応だけではなく他の生物との生存競争にもなっています。

1992年にブラジルのリオデジャネイロで、生物多様性に関する国際会議が開催され、ここで締結された議定書は生物多様性条約（Convention on Biological Diversity）とよばれています。この条約では生物多様性の保全、持続的利用、および遺伝資源としての生物多様性からえられる利益分配を主な問題として合意がなされました。生物多様性は世界の共有財産であり、地球上の多種多様な生物によって形づくられる生態系は、そこに生きる個々の生物の命を支えています。つまり、この豊かな生態系、すなわち「生物多様性（biodiversity）」のおかげで、自然界は人間や動植物が生きていくために必要な水、空気、気候、肥沃な土壌などの環境を提供し、食料、燃料、繊維、薬などの恵みを供給することができます。これは地球環境の主要な問題です。そして生物多様性条約を実現する手段の一つが「遺伝資源の利用から生じる利益の公正かつ衡平な配分」です。

国際連合は2001年に「ミレニアム生態系評価」を提唱しました。これは草地、森林、河川、湖沼、農地や海洋からなる地球の生態系が、人間生活や環境に与える影響と生態系の変化に対応する選択肢を総合的に評価する、地球規模での生態系の診断ともいえる国際プロジェクトです。2005年3月に発表された報告書は、人間の活動による生態系の劣化が進行し、生物種絶滅速度が増加していることを指摘しています。特に、欧州の生態系の被害は甚大で、

ほ乳類や鳥類の4割、両生類の3割、は虫類や淡水魚のおよそ5割が絶滅の危機に瀕しています。生物学者たちは、このままだとかつて恐竜が消滅した時に匹敵する地球規模の種の絶滅を迎えるであろうと警告を発しています。

生物多様性条約は「生物多様性の最大の価値は環境保全にある」とする自然環境保護グループにより提唱されたものであり、遺伝資源としての価値は生物多様性の価値そのものを高めて途上国側を納得させるための方便にすぎなかったものです。もともと資源としての生物多様性は、加工すれば確実に利益を生む鉱物資源とは異なり、長期にわたる応用研究をへてやっと価値を生むという潜在的なものに過ぎないのですが、途上国側は早期の利益を求める傾向があります。したがってバイオテクノロジーや新薬開発などは長期の応用研究が必要なので、会社側にとっては生物多様性に関わることはすなわちハイリスクとして敬遠してしまうことになってしまいます。

アメリカは生物多様性が保有国だけに帰するものではなく人類共有の財産と主張して条約を批准せず、途上国側の対応を強く批判しています。リオ会議から10年以上経た今日でも、遺伝資源、製薬資源としての価値は未だ潜在的レベルにすぎないにもかかわらず、生物多様性を対象とした応用研究に対する途上国側の姿勢は厳しいままです。現在でも大規模な森林の伐採、消失が続いており、持続的開発の状態とはほど遠く、生物多様性の保全やその資源の持続的利用に途上国は関心がないようです。

生物多様性条約は、生命の多様性の保全とその持続的使用および遺伝子資源の利用から生ずる利益を公正かつ公平に分配することを目的にしています。同条約はまた、生物多様性を「陸上、海洋、

およびその他の水中性生態系を含め、あらゆる生態的複合体の多様性」と定義し、多様性を生態系・種・遺伝子の三分野でとらえることとしました。この生物多様性を維持する手段の一つとして、「遺伝資源の利用から生じる利益の公正かつ衡平な配分」があります。

2002年4月の第6回締約国会議で採択された「遺伝資源の利用から生じる利益の公正かつ衡平な配分」に関するガイドラインは、国際ルールにもとづいて他国の遺伝資源を手に入れ、利用する際の条件を定めようとしています。遺伝資源は原産国が主権的権利を持ち、その生物資源の経済的価値をできるだけ市場機構を通じて利用し、その結果として、生物多様性の保全のための資金確保、原産国でのその保全の確保、原産国の地域社会における生物資源と共存した生活の維持を目指しています。

こうした動きの中で、遺伝資源の所有の主権は国家が持つことが認められるようになりました。従来先進国の会社や政府は途上国の遺伝資源が豊かな地域から無料で慣行、伝統的知識、遺伝資源等を持ち帰っていました。その結果、開発と商業化が先進国において行われ、製品が市場で販売されることによって、世界の人々の健康増進とともに、巨額の利益が製品開発会社にもたらされました。現在では、遺伝資源や伝統的知識は国家のものであり、アクセスが制限されるようになりました。発展途上国、とりわけ生物多様性の豊かな熱帯圏諸国は生物多様性を石油、鉱物資源などと同等の価値を生物・遺伝資源と考え、それを対象とした開発・応用でえられる利益の分配の権利を主張しています。一方、先進国側は利益の分配で譲歩する代わりに熱帯雨林の伐採などを規制し、持続的な開発(Sustainable Development)を途上国側に強く求め

ています。先進国の主張の背景には途上国の爆発的な人口増加が森林の急激な消失を招き、それがCO_2の増加、すなわち地球温暖化の主因になっているとの考えがあります。他方、生物・遺伝資源の豊富なブラジルなどの発展途上国は、欧州連合諸国やアメリカの製薬会社が、過去に発展途上国で採取した生物・遺伝資源から開発した医薬品で得た利益を還元しないことに不満をもっています。2007年2月インドネシアは、ウィルスへの知的財産権の承認を主張して国際保健機関への鳥インフルエンザウィルスの検体の提供を拒否しました。ワクチンの製造にはウィルスが必要ですが、アメリカなど先進国はワクチンにだけ知的財産権を認める立場を変えておらず、対立が激しくなっています。仮に、ウィルス自体に知的財産権が認められると、ワクチンを開発した会社は途上国に金銭的利益配分としてロイヤルティを払わなければなりません。

4 熱帯雨林の維持・管理

現在、地球上で最も危惧される生態系である熱帯雨林に生息する生物種は地球上の総種数の3分の2以上といわれていますが、その5パーセントから10パーセントが今後30年間の間に絶滅すると予測されています。熱帯地域では主に経済発展に伴う開発圧力が背景にありますが、一方で温帯地域にも酸性雨などによる森林の立ち枯れがあり、多くの生物が絶滅の危機にあります。

このため先進国政府が政府開発援助の一部の債権を放棄して、熱帯雨林を保護する環境スワップを行うことが期待されます。この方策によって、途上国政府は、財政緊縮のさなか自然環境を保

全する政策を実施することが可能となります。すなわち先進国政府は、途上国政府が今後数年にわたって日本に返済しなければならない外貨債権の一部を帳消しにし、代わりに途上国政府はその金額を熱帯雨林やマングローブの森の保全に支出します。例えば、この方策がインドネシアで取られると、この資金を利用して、2005年未曾有の大地震に襲われたスマトラ島や他の島々に今なお残る自然が保全され、地球規模で温暖化を促すCO_2の大気への蓄積を低下させると同時に、象や虎をはじめとする多様な生物を絶滅の危機から救うことが期待されます。すでにドイツは小規模ながらインドネシアにおいて債務環境スワップを実施しており、日本はより大きな規模で行うことにより、「顔の見える」国際援助の姿勢を世界に発信することができ、京都議定書の議長国としての責務も充分に果たすことになると思われます。さらに、この環境スワップによって維持・管理されている熱帯雨林への生物・遺伝資源へのアクセス料金は無料とし、採取された生物・遺伝資源によって開発された新薬の、開発費用等の固定費用は日本を含む先進国で販売される数量から価格を設定し、途上国で販売する際には製造の単位あたりの原価で販売する場合を考えてみましょう。

　図11-4においてある製薬会社の薬の生産に規模の経済が生じる場合が描かれています。この場合この会社は先進国でPAの価格で、発展途上国でBの価格で販売したとしても、全体で利益を得ることができます。図11-4において薬を1単位ふやして生産するための単位あたりの生産にかかる費用が限界費用曲線で、平均費用曲線は総費用を生産量で割ったものです。Dは需要曲線で、先進国の需要をXAで発展途上国の需要をXB-XAとします。この場合先進国での販売価格をPA、発展途上国での販売価格をPBと設

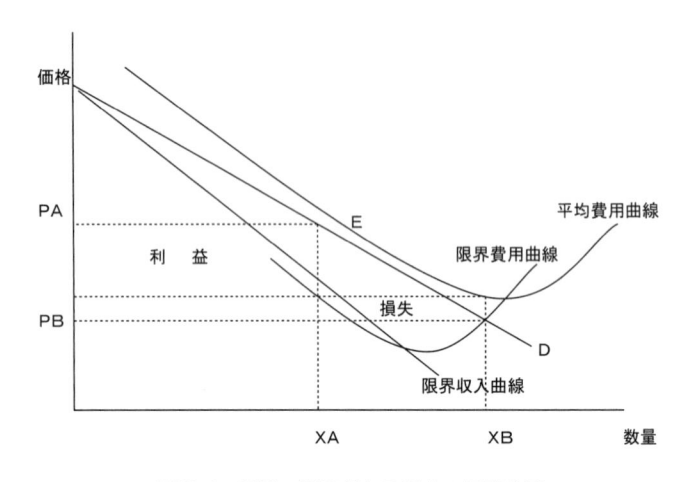

図11-4 規模の経済がある場合の価格差別

定します。この例の場合には、途上国での売り上げから1単位当たり、平均費用と販売価格だけ、総額でこの価格差に販売量XB－XAをかけた分だけの損失が出ます。他方先進国では単位当たりPAから平均費用を引いた分だけの利益が、総額でその価格差にXAをかけただけの利益がでます。この利益が発展途上国での販売から出る赤字を上回れば、この会社はたとえ途上国での売り上げが赤字だとしても会社としては世界全体で利益をあげることができます。

参考文献

第1部

鬼塚雄丞・岩田一政・柳田辰雄共著『経済学入門』(東京大学出版会、2000年)

佐伯啓思『国家についての考察』(飛鳥新社、2001年)

柴田寿子『スピノザの政治思想―デモクラシーのもうひとつ可能性』(未來社、2000年)

ダグラス・C.ノース著、中島正人訳『文明史の経済学―財産権・国家・イデオロギー』(春秋社、1989年)

F. A. ハイエク著、田中真晴、田中秀夫編訳『市場・知識・自由―自由主義の経済思想』(ミネルヴァ書房、1986年)

村上泰亮『反古典の政治経済学要綱―来世紀のための覚書』(中央公論社、1994年)

第2部

ジョン・ウィリアムソン著、須田美也子・奥村隆平・柳田辰雄訳『世界経済とマクロ理論』(多賀出版、1990年)

鬼塚雄丞『国際金融』(東洋経済新報社、1995年)

I. ウォーラーステイン著、川北稔訳『近代世界システムⅠ・Ⅱ』(岩波書店、1981年)

ロバート・ギルピン著、大蔵省世界システム研究会訳『世界システムの政治経済学―国際関係の新段階』(東洋経済新報社、1990年)

持田信樹他『市場と国家』(木鐸社、1992年)

横田洋三編著『国際機構論』(国際書院、1992年)

第3部

宇沢弘文、国則守生編『制度資本の経済学』(東京大学出版会、1995年)

絵所秀紀『開発の政治経済学』(日本評論社、1997年)

小寺彰『WTO体制の法構造』(東京大学出版会、2000年)

高木保興編『国際協力学』(東京大学出版会、2004年)

槌田敦『エネルギー―未来への透視図』(日本書籍、1980年)

諸富徹『環境税の理論と実際』(有斐閣、2000年)

世界銀行著、海外経済協力基金開発問題研究会訳(白鳥正喜監訳)『東アジアの奇跡―経済成長と政府の役割』(東洋経済新報社、1994年)

筆者紹介

柳田 辰雄（やなぎた たつお）

[略　歴]

　　1976年3月東京大学経済学部経済学科を卒業、1978年3月東京大学経済学研究科経済学専攻修士課程修了、国際通貨基金(IMF)エコノミスト、東京都立大学経済学部助教授、東京大学大学院総合文化研究科助教授、教授を経て、1999年4月より現職。この間ジョンズホプキンス大学客員研究員、ニューヨーク市立大学院センター客員助教授、2002年8月まで1年間国際協力事業団派遣専門家、インドネシア共和国財務省財政分析庁財政アドバイザー。
　　経済学博士(東京大学)

[教育活動]

　　大学院：国際政治経済システム学、国際政治経済システム学演習

[著　書]

　　『相対覇権国際システム安定化論──東アジア統合の行方』(東信堂、2008年)

国際政治経済システム学 　　　＊定価・本体価格はカバーに表示してあります。

2008年10月20日　　初　版第1刷発行　　　　　　　　　　　　　　〔検印省略〕

著　者Ⓒ柳田辰雄　　発 行 者　下田勝司　　　　　印刷・製本／中央精版印刷

東京都文京区向丘1-20-6　　郵便振替00110-6-37828
〒113-0023　TEL(03)3818-5521　FAX(03)3818-5514　　株式会社　東信堂　発行所

published by TOSHINDO PUBLISHING CO., LTD.
1-20-6, Mukougaoka, Bunkyo-ku, Tokyo, 113-0023, Japan
E-mail: tk203444@fsinet.or.jp

ISBN978-4-88713-867-4　C3033　　　Ⓒтатsuo Yanagita

東信堂

国際法新講〔上〕〔下〕	田畑茂二郎	〔上〕二七〇〇円 〔下〕二九〇〇円
ベーシック条約集 二〇〇八年版	編集代表 松井芳郎 編集 松井・薬師寺・繁川	三六〇〇円
国際人権条約・宣言集〔第3版〕	編集代表 松井芳郎 編集 松井・薬師寺・繁川	三六〇〇円
国際経済条約・法令集〔第2版〕	編集 小寺彰・中川淳司	三九〇〇円
国際経済条約・資料集〔第2版〕	編集 小室程夫・山手治之	三三〇〇円
国際機構条約・資料集〔第2版〕	編集代表 香西茂・安藤仁介	三三〇〇円
判例国際法〔第2版〕	編集代表 松井芳郎	三八〇〇円
国際立法──国際法の法源論	村瀬信也	六八〇〇円
条約法の理論と実際	坂元茂樹	四三〇〇円
武力紛争の国際法	真山全 編	一二八〇〇円
海洋境界画定の国際法	村瀬信也・江藤淳一 編	四三〇〇円
国際刑事裁判所	村瀬信也・洪恵子 編	三八〇〇円
自衛権の現代的展開	小室程夫	四三〇〇円
国際経済法〔新版〕	小室程夫	三八〇〇円
国際法から世界を見る──市民のための国際法入門〔第2版〕	松井芳郎	三八〇〇円
東京裁判、戦争責任、戦後責任	大沼保昭	二八〇〇円
国際法／はじめて学ぶ人のための資料で読み解く国際法〔第2版〕〔上〕〔下〕	大沼保昭 編	〔上〕二八〇〇円 〔下〕二八〇〇円
在日韓国・朝鮮人の国籍と人権	大沼保昭	三六〇〇円
海の国際秩序と海洋政策（海洋政策研究叢書1）	大沼保昭 編著	四二〇〇円
21世紀の国際機構：課題と展望	横田洋三・山村恒雄 編著	四二〇〇円
国際法研究余滴	安藤仁	三三〇〇円
国際社会における人権と平和（上・下巻）（21世紀国際社会における人権と平和）	松田竹男・石位村昌男・秋林忠男・本田隆介 編	七一四〇〇円
国際社会の法構造──その歴史と現状（現代国際法叢書）	編集代表 山手治之 編集代表 香西茂	六三〇〇円
領土帰属の国際法	大壽堂鼎	五七〇〇円
国際社会と法	高野雄一	四五〇〇円
集団安保と自衛権	高野雄一	四八〇〇円

〒113-0023 東京都文京区向丘1-20-6　TEL 03-3818-5521　FAX 03-3818-5514　振替 00110-6-37828
Email tk203444@fsinet.or.jp　URL:http://www.toshindo-pub.com/

※定価：表示価格（本体）+税

東信堂

人間の安全保障——世界危機への挑戦	佐藤誠編	三八〇〇円
政治学入門——日本政治の新しい夜明けはいつ来るか	安藤次男編	一八〇〇円
政治の品位	内田満	二〇〇〇円
帝国の国際政治学——冷戦後の国際システムとアメリカ	内田満	四七〇〇円
解説 赤十字の基本原則——人道機関の理念と行動規範	J・ピクテ 井上忠男訳	一二〇〇円
医師・看護師の有事行動マニュアル——医療関係者の役割と権利義務	井上忠男	一二〇〇円
社会的責任の時代	功刀達朗編著	三三〇〇円
国際NGOが世界を変える——地球市民社会的説明	功刀達朗・毛利勝彦編著	三四〇〇円
国連と地球市民社会の新しい地平	大木啓介編著	三四〇〇円
公共政策の分析視角	内田孟男編著	二〇〇〇円
実践 ザ・ローカル・マニフェスト	松沢成文	一三三八円
実践 マニフェスト改革	松沢成文	二三〇〇円
時代を動かす政治のことば——尾崎行雄から小泉純一郎まで	読売新聞政治部編	一八〇〇円
椎名素夫回顧録 不羈不奔	読売新聞編	一五〇〇円
大杉榮の思想形成と「個人主義」	盛岡支局編 飛矢崎雅也	二九〇〇円
《現代臨床政治学シリーズ》 リーダーシップの政治学	石井貫太郎	一六〇〇円
アジアと日本の未来秩序	伊藤重行	一八〇〇円
象徴君主制憲法の20世紀的展開	下條芳明	三〇〇〇円
《現代臨床政治学叢書・岡野加穂留監修》 村山政権とデモクラシーの危機	岡野加穂留・藤本一美編著	四二〇〇円
比較政治学とデモクラシーの限界	岡野加穂留・大六野耕作編著	四三〇〇円
政治思想とデモクラシーの検証	岡野加穂留・伊藤重行編著	三八〇〇円
《シリーズ〈制度のメカニズム〉》 アメリカ連邦最高裁判所	大越康夫	一八〇〇円
衆議院——そのシステムとメカニズム	向大野新治	一八〇〇円
フランスの政治制度	大山礼子	一八〇〇円

〒113-0023　東京都文京区向丘1-20-6　TEL 03-3818-5521　FAX 03-3818-5514　振替 00110-6-37828
Email tk203444@fsinet.or.jp　URL:http://www.toshindo-pub.com/

※定価：表示価格（本体）＋税

東信堂

〈シリーズ 社会学のアクチュアリティ:批判と創造 全12巻+2〉

クリティークとしての社会学——現代を批判的に見る眼	西原和久 編	一八〇〇円
都市社会とリスク——豊かな生活をもとめて	宇都宮京子 編	二〇〇〇円
言説分析の可能性——社会学的方法の迷宮から	佐藤俊樹 編	二〇〇〇円
グローバル化とアジア社会——ポストコロニアルの地平	新津晃一 編	三二〇〇円
公共政策の社会学——社会的現実との格闘	吉原直樹 編	三〇〇〇円
社会学のアリーナへ——21世紀社会を読み解く	三重野卓 編	三〇〇〇円
	厚東洋輔 編	三二〇〇円

〔地域社会学講座 全3巻〕

地域社会学の視座と方法	似田貝香門 監修	二五〇〇円
グローバリゼーション/ポスト・モダンと地域社会	古城利明 監修	二五〇〇円
地域社会の政策とガバナンス	岩崎信彦 監修	二七〇〇円
	矢澤澄子 監修	

〔シリーズ世界の社会学・日本の社会学〕

タルコット・パーソンズ——最後の近代主義者	中野秀一郎	一八〇〇円
ゲオルグ・ジンメル——現代分化社会における個人と社会	居安 正	一八〇〇円
ジョージ・H・ミード——社会的自我論の展開	船津 衛	一八〇〇円
アラン・トゥーレーヌ——現代社会のゆくえと新しい社会運動	杉山光信	一八〇〇円
アルフレッド・シュッツ——社会的空間と主観的時間	森 元孝	一八〇〇円
エミール・デュルケム——社会の道徳的再建と社会学	中島道男	一八〇〇円
レイモン・アロン——危機の時代の透徹した警世家	岩城 完之	一八〇〇円
フェルディナンド・テンニエス——ゲマインシャフトとゲゼルシャフト	吉田 浩	一八〇〇円
カール・マンハイム——時代を診断する亡命者	澤井 敦	一八〇〇円
ロバート・リンド——アメリカ文化の内省的批判者	園部雅久	一八〇〇円
費孝通——民族自省の社会学	佐々木衞	一八〇〇円
奥井復太郎——都市社会学と生活論の創始者	藤田弘夫	一八〇〇円
新明正道——綜合社会学の探究	山本鎭雄	一八〇〇円
米田庄太郎——新総合社会学の先駆者	中 久郎	一八〇〇円
高田保馬——理論と政策の無媒介的統一	北島 滋	一八〇〇円
戸田貞三——家族・研究・実証社会学の軌跡	川合隆男	一八〇〇円

〒113-0023 東京都文京区向丘1-20-6 TEL 03-3818-5521 FAX 03-3818-5514 振替 00110-6-37828
Email tk203444@fsinet.or.jp URL:http://www.toshindo-pub.com/

※定価:表示価格(本体)+税